これさえ弾ければ大丈夫！

ラク弾き！

保育ピアノ伴奏集

自由現代社

これさえ弾ければ大丈夫！

ラク弾き！

保育ピアノ伴奏集

～もくじ～

アニメ・テレビ曲

卒園・入園ソング

人気曲

定番曲

発表会ソング

＜3段譜＞

＜合奏譜＞

忙しい先生のための ピアノ伴奏らくらく講座

曲名さくいん

本書の特徴

用途に合わせた使い方ができる！

各曲向いている使い方を3パターンで表示。用途に合わせてお使いください。

●うた向き：歌詞に重きをおくといい曲です。

●振り付け向き：歌いながら、ちょっとした振り付けをすると楽しい曲です。

●あそび向き：曲に合わせて、歌にちなんだ遊びをするのに向いている曲です。

演奏ワンポイントアドバイス付き！

各曲、演奏する上でのワンポイントアドバイスを掲載しています。【発表会用】の楽譜は、より詳しいアドバイスが付いています。

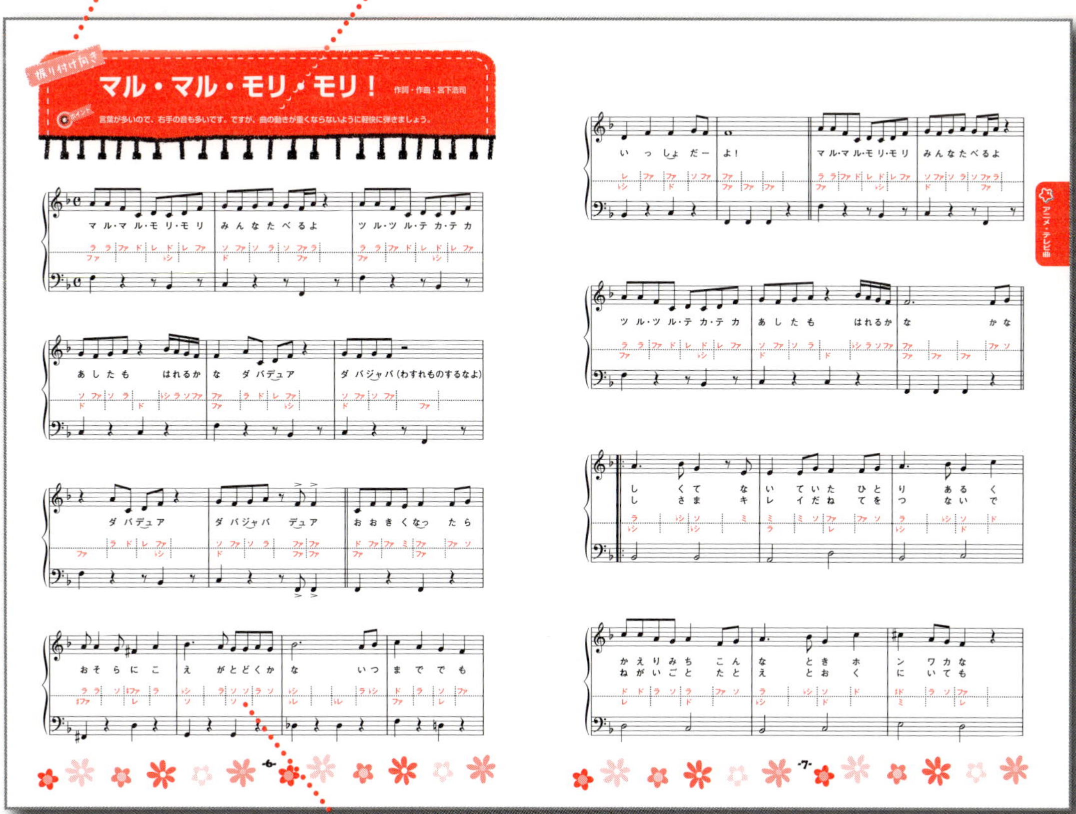
振り付け向き
マル・マル・モリ・モリ！
作詞・作曲：宮下浩司
ポイント
言葉が多いので、右手の音も多いです。ですが、曲の動きが重くならないように軽快に弾きましょう。
マル・マル・モリ・モリ
みんなたべるよ
ツル・ツル・テカ・テカ
-6-
-7-
アニメ・テレビ曲

初心者でも安心なドレミ付き！

全曲、楽譜下にドレミが表記してあります。今まで自分でドレミを書き込んでいた方もラクになる、見てすぐ弾ける楽譜になっています。

尚、五線譜に♮が掲載されている時の階名（ドレミ）には、階名通りの音で、あえて♮は付いておりません。

簡単で弾きやすいアレンジ！

初心者や楽譜が苦手な方でもすぐ弾けるように、限りなく簡単に、かつ単調になりすぎず、弾き応えのあるアレンジになっています。

尚、本書は「楽譜が苦手な方でも見てすぐ弾けるように」をコンセプトにしていますので、楽譜中にコードネームは掲載されておりません。

発表会で使える曲も掲載！

ちょっとゴージャスに伴奏を２段にした【3段譜】と、手軽にできる【合奏譜】の２種類も掲載。通常譜も掲載されている曲ですので、マスターしたら是非、発表会に向けてチャレンジしてみてください。

振り付け向き

マル・マル・モリ・モリ！

作詞・作曲：宮下浩司

ポイント

言葉が多いので、右手の音も多いです。ですが、曲の動きが重くならないように軽快に弾きましょう。

い っ しょ だ ー
よ！
マ ル・マ ル・モ リ・モ リ
み ん な た べ る よ
ツ ル・ツ ル・テ カ・テ カ
あ し た も　はれるか
な　か な
し く て な
い て い た ひ と
り あ る く
し さ ま キ
レ イ だ ね て を
つ な い で
か え り み ち こ ん
な と き ホ
ン ワ カ な
ね が い ご と た と
え と お く
に い て も

みんなにあいたいなぁ…
こころはひとつだよ
レ ファ ファ ソ ♭シ ラ ファ ソ ソ ソ ソ
ソ ラ ♭シ シ ド ド ド
マル・マル・モリ・モリ おまじないだよ ツル・ツル・テカ・テカ
マル・マル・モリ・モリ シアワセげんき テク・テク・トコ・トコ
ラ ラ ファ ド レ ド レ ファ ソ ファ ソ ラ ソ ファ ラ ラ ラ ファ ド レ ド レ ファ
ファ ♭シ ド ファ ファ ♭シ
ニッコリえがお いちにのさん しで ゴマしおさん たく
まえにすすむよ いちにのさん しで ホームランあいが
ソ ファ ソ ラ ソ ファ ファ ラ ラ ファ ファ ド ド ♭シ ラ ラ ファ ファ ソ (ファ) ファ ソ
ド ファ レ ド ♭シ ラ
さんだとおいしいね マル・マル・モリ・モリ
いっぱいランドセル マル・マル・モリ・モリ
ラ ファ ファ ラ ラ ファ ファ ソ ラ ラ ファ ド レ ド レ ファ
ソ シ ド レ ♯レ ミ ファ ♭シ

プカ・プカ・オフロ ツル・ツル・ピカ・ピカ ゴシ・ゴシ・ブラシ
おおきくなるよ ドキ・ドキ・ワク・ワク ドアをあけるよ
ソ ファ ソ ラ ソ ファ ラ ラ ラ ファ ド レ ド レ ファ ソ ファ ソ ラ ソ ファ ファ
ド ファ ファ ♭シ ド ファ
みなさんグッ ナイ またあした あさ ごはんはなんでしょ
みなさんしっ かり またあした もっ とステキなひにな
ラ ラ ファ ファ ド ド ♭シ ラ ラ ファ ファ ソ ファ ソ ラ ラ ファ ファ ♭シ ラ ソ ファ
レ ド ♭シ ラ ソ ド
1.
ね？ ダバデュア ダバジャバ(おなかだしてねるなよ)
ファ ラ ド レ ファ ソ ファ ソ ファ
ファ ド レ ミ ファ ♭シ ド ファ
ダバデュア ダバジャバ デュア おとなになっても
ラ ド レ ファ ソ ファ ソ ラ ファ ファ ド ファ ファ ミ ファ ファ ソ
ファ ♭シ ド ファ ファ ファ ファ

にじい ろ の ゆ め を え が こ う ね ゆ び
ラ ラ ソ ♯ファ ラ ♭シ ラ ソ ソ ラ ソ ♭シ ラ ♭シ
♯ファ ド ソ ソ ♭レ ♭レ
き り し て テ レ リ ン コ ー おほ
ド ラ ソ ファ レ ファ ファ ソ ファ ファ ソ
ファ レ ♭シ ド ファ ソ ラ ♭シ ド ミ ファ
2.
る
ファ レ ド ファ ♭シ ♭ミ ♭ラ ファ
♭シ ファ レ ファ ♭ミ ソ ♭ラ ド ♭シ ファ ♭ミ ♭シ
だ い す き だー よ!!! ー
♭ミ ド ♭ラ ♭シ ♭ラ ソ ファ♭ミ ♭ミ ♭シ ド♭シ ♭ラ♭シ
♭ミ ソ ♭ラ ♭ミ ♭シ ♭ミ ♭ミ ソ ♭ラ ド ♭シ ♭ミ

♭ミ ♭ミ ソ ♭ラ ♭ミ
レ ♭シ レ レ ♭シ レ ♭シ レ ♭シ
ミ ド ミ ミ ド ミ ド ミ ド
マル・マル・モリ・モリ
さあうたいましょう!
ツル・ツル・テカ・テカ
ラ ファ ラ ファ ド レ ♭シ ド レ ファ
ソ ド ファ ソ ラ ソ ファ ファ ラ
ラ ファ ラ ファ ド レ ♭シ ド レ ファ
ニッコリえがお
いちにのさんしで
ゴマしおさんたく
ソ ド ファ ソ ラ ソ ファ ファ ファ
ラ レ ラ ファ ファ ド ド ド ♭シ
ラ ♭シ ラ ファ ファ ソ ラ ファ ソ
さんだとおいしい
ね
マル・マル・モリ・モリ
ラ ソ ファ ファ ラ シ ラ ファ ファ
ソ ド レ ♯レ ミ
ラ ファ ラ ファ ド レ ♭シ ド レ ファ

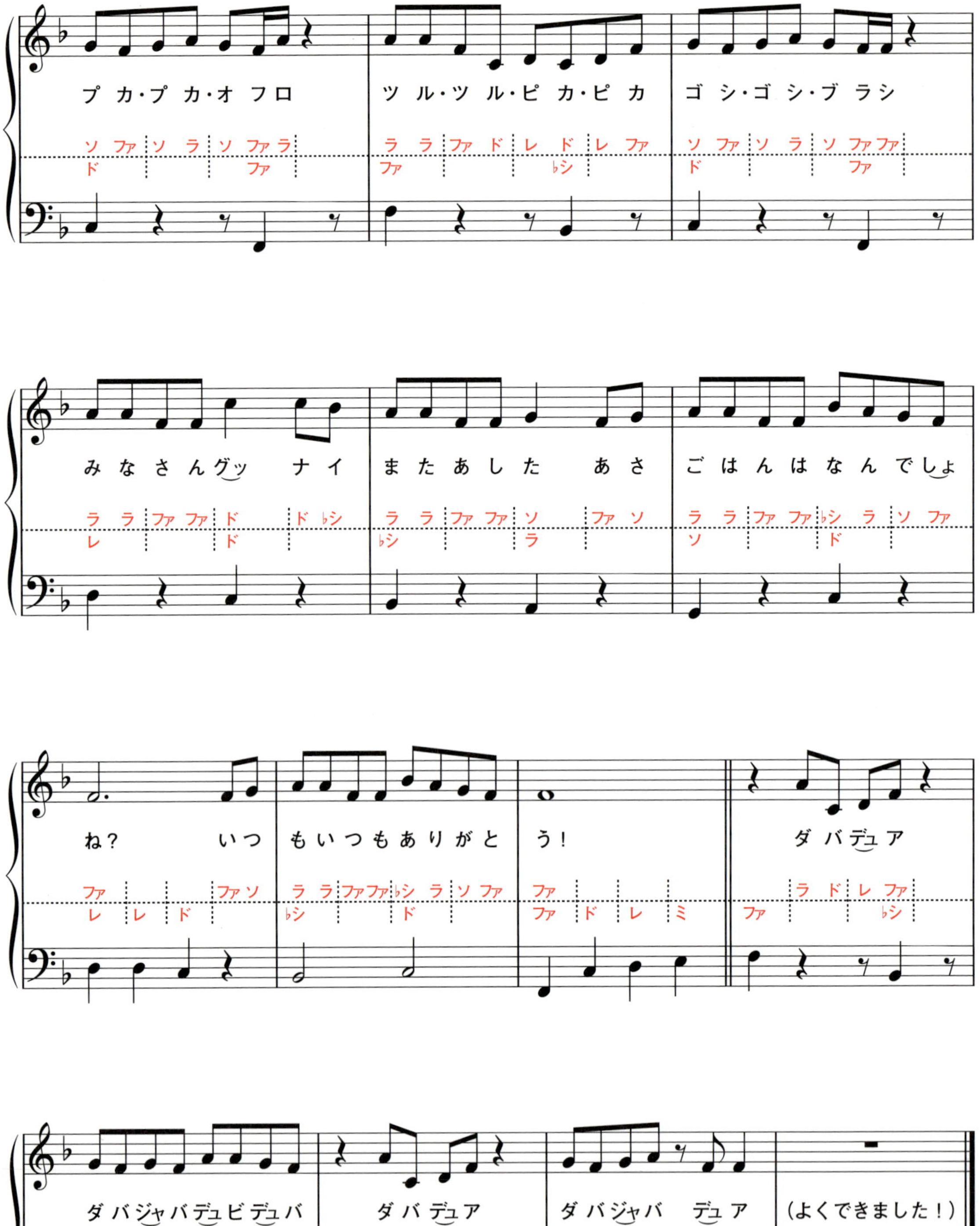
プ カ・プ カ・オ フロ
ツ ル・ツ ル・ピ カ・ピ カ
ゴ シ・ゴ シ・ブ ラシ
み な さ ん グッ ナ イ
ま た あ し た あ さ
ご は ん は な ん で しょ
ね？ いつ
もいつもありがとう！
ダ バ デュ ア
ダ バ ジャ バ デュ ビ デュ バ
ダ バ デュ ア
ダ バ ジャ バ デュ ア
（よくできました！）

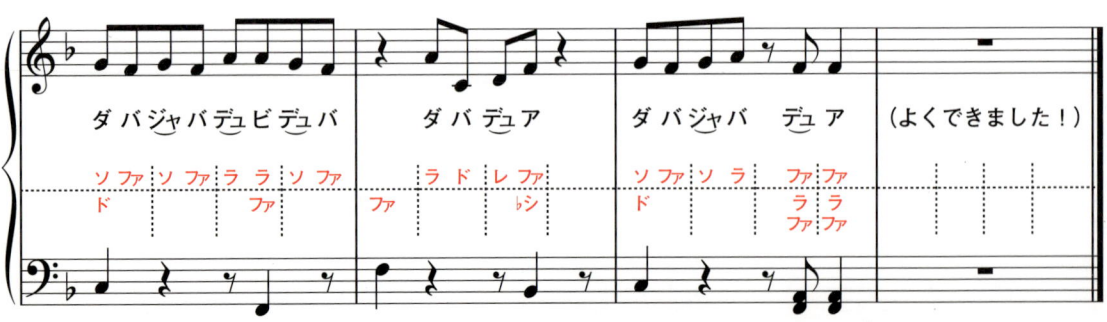

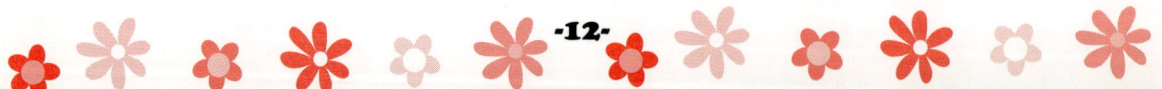

振り付け向き

勇気100%

作詞：松井五郎
作曲：馬飼野康二

ポイント
左手の伴奏リズムを前半と後半で変えてあります。それが反映されるように、前半はメロディアスに、後半は元気良く弾きましょう。

アニメ・テレビ曲

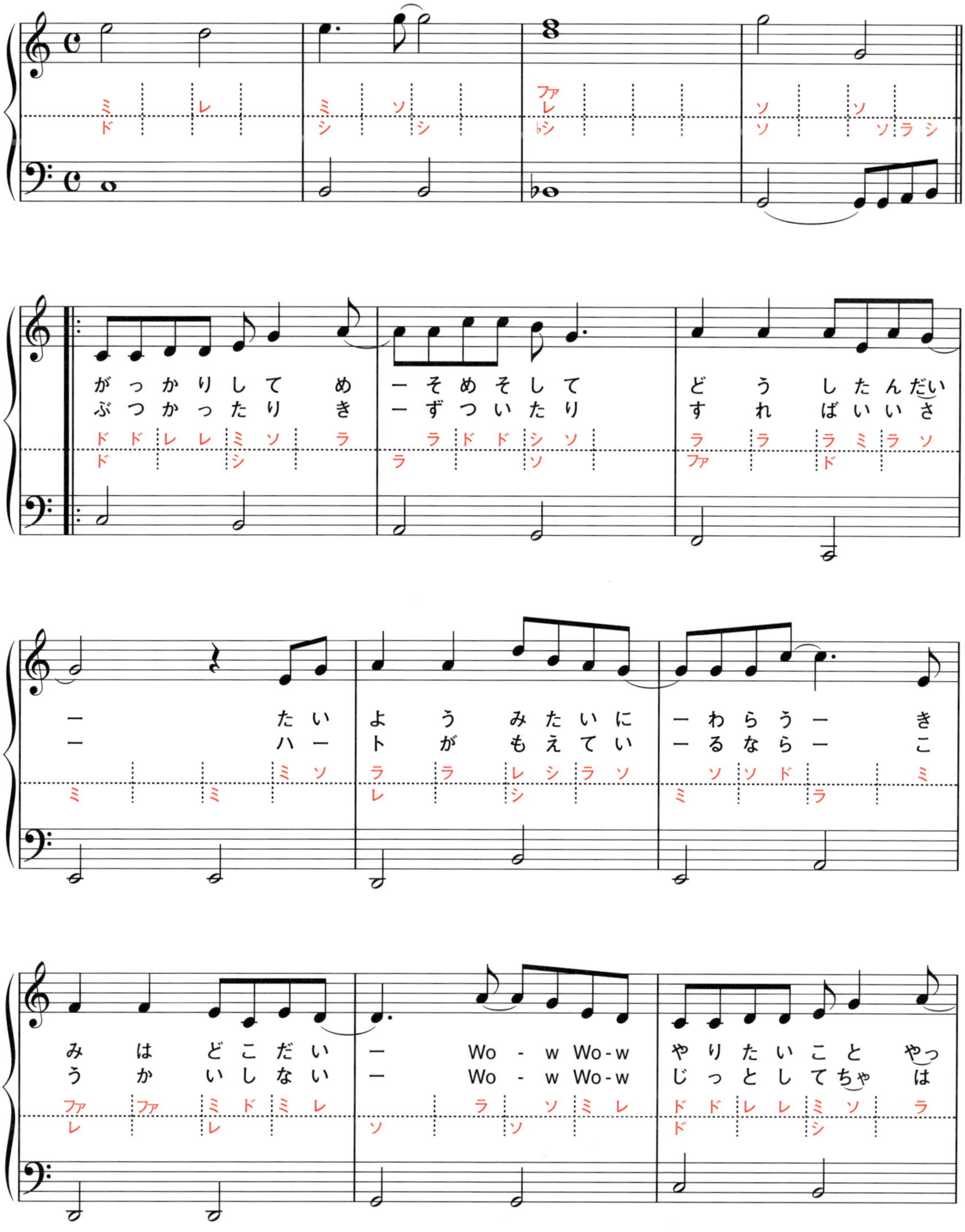
ファ
ミ レ ミ ソ レ ソ ソ
ド シ シ ♭シ ソ ソ ラ シ
が っ か り し て め ー そ め そ し て ど う し た ん だい
ぶ つ か っ た り き ー ず つ い た り す れ ば い い さ
ド ド レ レ ミ ソ ラ ラ ド ド シ ソ ラ ラ ラ ミ ラ ソ
ド シ ラ ソ ファ ド
ー た い よ う み た い に ー わ ら う ー き
ー ハ ー ト が も え て い ー る な ら ー こ
ミ ソ ラ ラ レ シ ラ ソ ソ ソ ド ミ
ミ ミ レ シ ミ ラ
み は ど こ だ い ー Wo - w Wo - w や り た い こ と やっ
う か い し な い ー Wo - w Wo - w じ っ と し て ちゃ は
ファ ファ ミ ド ミ レ ラ ソ ミ レ ド ド レ レ ミ ソ ラ
レ レ ソ ソ ド シ

ー た も ん が ち　せ い しゅ ん な ら　ー　つ ら
ー じ ま ら な い　こ の と き め き　ー　き み
ラ ド ド シ ソ　ラ ラ ラ ミ ラ ソ　ミ ソ
ラ ソ　ファ ド　ミ ミ
い と きはいつ　ーだってー そば　に いるー から　ー ゆめ
と お いかけて　ーゆけるー かぜ　が すきー だよ　ー きの
ラ ラ レ シ ラ ソ　ソ ソ ド ラ シ　ド シ ド ミ レ　ド シ
レ ソ　ミ ラ　レ ド　シ ミ
は でかく　な けりゃー　つ ま ら　ないだろうー
う とべな　か ーったー　そ ら が　あるならー
ド ド ド レ　シ ラ ソ　#ソ #ソ レ　レ ド シ ド
ラ ラ　ミ ミ　ミ ミ　ラ ラ
むねをたたいて　ぼ う けん　し ようー　Hey！Hey！そう さ
いまあるチャンス　つ か んで　み ようー　Hey！Hey！そう さ
ラ ラ ラ ラ ラ ラ ラ　シ ド シ ラ　ラ ソ ソ　ソ シ ソ シ ド レ
ファ ファ　#ファ レ　ソ ソ　レ ソ

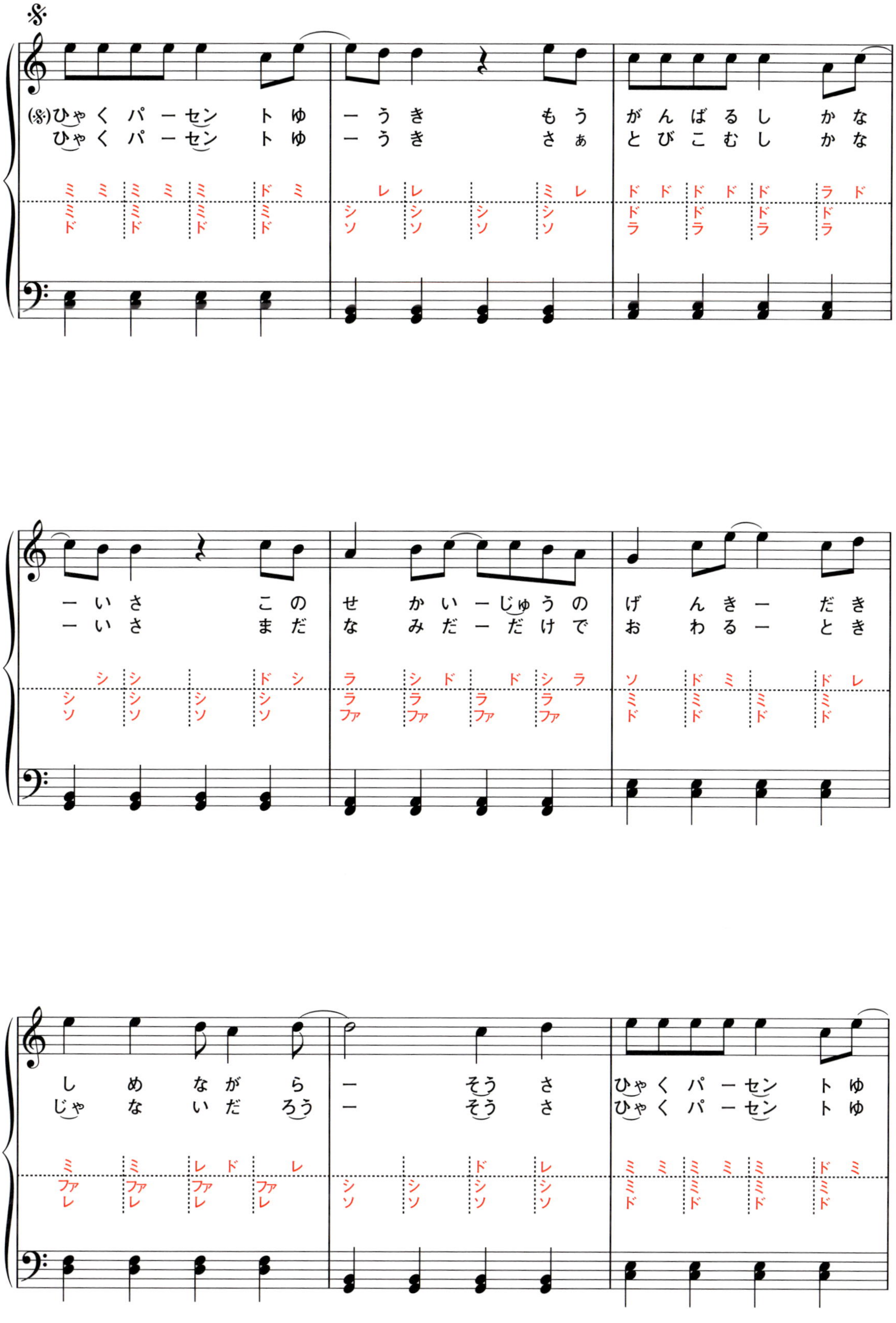
(𝄋)ひゃ く パ ー セン ト ゆ ー う き も う が ん ば る し か な
ひゃ く パ ー セン ト ゆ ー う き さ ぁ と び こ む し か な
ー い さ こ の せ か い ー じゅ う の げ ん き ー だ き
ー い さ ま だ な み だ ー だ け で お わ る ー と き
し め な が ら ー そう さ ひゃ く パ ー セン ト ゆ
じゃ な い だ ろう ー そう さ ひゃ く パ ー セン ト ゆ

ー う き も う　や り き る し か な　ー い さ ぼ く
ー う き も う　ふ り む い ちゃ い け　ー な い ぼ く
レ レ ミ レ　ド ド ド ド ド ラ ド　シ シ ド シ
シ シ シ シ　ド ド ド ド　シ シ シ シ
ソ ソ ソ ソ　ラ ラ ラ ラ　ソ ソ ソ ソ
た ち が ー も て る　か が や き ー え い　え ん に
た ち は ー ぼ く た　ち ら し く ー ど こ　ま で も
ラ シ ド ド シ ラ　ソ ソ ド ミ ド レ　ミ レ レ
ラ ラ ラ ラ　ミ ミ ミ ミ　ファ ファ ファ ファ
ファ ファ ファ ファ　ド ド ド ド　レ レ レ レ
to
1.
わ す れ な　い で ね ー
か け て ゆ
ミ レ ド シ　レ ド ド　ソ ソ
ファ ♭ラ ド レ　ミ ミ ミ ミ　ソ ソ ラ シ
ド ド ド ド

2.
く のさー たと え さみし す ぎるー
よ る が きたーってー あたらしいあさ
か な らず く るさー そうさ
D.S.
Coda
い でねー
(Hey !) (Hey !) (Hey !)

うた向き

あるいてゆこう

作詞：オクダケン／ビリー
作曲：ビリー

ポイント

♭が多く付いています。雑にならずに、黒鍵の柔らかい音を大事に弾きましょう。そうすることで、この曲のメッセージである強く優しい決意が感じられます。

♭ミ ♭ミ レ レ ♭ミ ♭ミ ファ ♭シ
♭ミ ♭ミ♭ミ♭ミ レ レレレ ♭ラ ♭ラ♭ラ ♭ラ♭ラ♭ラ ファ ♭ラ♭ラ♭ラ♭ラ
(𝄋②)あ る い て ゆ こ ー う ず っ と ど こ ま で ー
あ る い て ゆ こ ー う ず っ と ど こ ま で ー
♭ミ ファ ソ ♭ミ ド ド ♭シ ソ ♭シ ♭ミ ♭ミ レ ソ ソ ♭シ
♭ミ ♭ミ ♭シ ♭シ ド ド
も お も い ー で ー の ー た ね の ー わ た げ
も ゆ う や ー け ー ぐ ー も と よ ー ぞ ら を
♭シ ♭シ ド ♭ミ レ レ ド ド ♭シ ♭シ ド ♭ミ ファ ソ ソ
ソ ソ ♭ラ ♭シ ソ ド
ー ま い て ー ー た く さ ん の「す き」 ー に か こ
ー こ え て ー ー た く さ ん の ひ と ー に あ り
ファ ド ソ ソ ファ レ ♭ミ ファ ソ ♭ミ ド ド ♭シ ソ ♭シ
レ レ ♭シ ♭シ ♭ミ ♭ミ ♭シ ♭シ

ま れ ま す よ う に ー た い せ つ な こ と
が と う の え が お ー た い せ つ な こ と
♭ミ ♭ミ ♭ミ ファ レ ド ♭シ ♭シ ド ♭ミ レ レ ド ♭シ
ド ド ソ ソ ♭ラ ♭シ
to Φ②
ー さ さ や か な こ と ー ぜ ん ぶ つ た え た い
ー さ さ や か な こ と ー きょう も は な そ う よ
♭シ ド ♭ミ ♭ミ ファ ソ ソ ファ ファ ソ ♭ラ ♭シ ソ ファ ♭ミ ♭ミ
ソ ド ファ ファ ♭シ
ー あ お
ー み ど
レ ♭ミ ファ レ ド ♭シ ラ ソ ♭ミ ファ ♭ラ ソ ♭シ♭シ
♭ミ ♭ミ レ レ ♭ラ ♭ラ ファ ♭ラ
い そ ら く も ー の う え に ー き み の え が お が ー お ど る
り の し ば ふ ー の う え に ー き み の う た ご え ー お ど る
ソ ソ ソ ソ ♭ラ ソ ファ ♭ミ ファ ♭ミ レ ド レ ♭ミ ファ ソ レ ♭シ♭シ
♭ミ ♭ミ ♭シ ♭シ ド ド

ー 「うれしい」や 「たのしい」 のかおー 「わ
ー どこかーできいた メロディーにー お
♭シ ド ソ ファ ファ(ファ) ソ ♭ラ ♭シ(♭シ) ソ ♭シ♭シ ♭ミ ♭シ
ソ ソ ♭ラ ♭シ ソ ド
るだーくーみ」のかお ー あし たはちょっとー サボって
もいーつーきのせて ー あし たはちょうどー やすみが
ド ド ド ソ ファ ♭ミ♭ミ ファ ♭シ♭シ ソ ソ ソ ソ♭ラ ソ ファ ♭ミファ
♭ラ ♭ラ ♭シ ♭シ ♭ミ ♭ミ
ー でか けられたら いいな ー い きたーい ばしょ
ー おた がいかさな るから ー な れなーい はや
♭ミ レ ド レ ♭ミ ファ ソ ♭ミ ♭シ♭シ ♭シ ド ソ ファ ファ ソ ♭ラ
♭シ ♭シ ド ド ソ ソ ♭ラ ♭シ
1.
ばっ かりがー ま いにちふえています ー な
おきをしてー す こしとおでをしよう
♭シ(♭シ) ソ ♭シ♭シ ♭ミ ♭シ ド ド ド ソ ファ ♭ミ ド ♭ミ♭ミ ♭ミ
ソ ド ♭ラ ♭シ ♭ミ ♭ミ

①
くしたたから一もの も もど れ ないこうかいも
せつはいくつ一すぎ て かわ っ てゆくまちなみ
ファ ファ ファ ファ ファ ソ ファ ♭ミ ソ ソ ソ ♭シ ♭ミ ♭ミ ソ ファ ♭ミ ファ ソ ソ
ファ ファ ♭ミ ♭ミ ♭ラ ♭シ
to ①
一 かた よ せ て な きわらえば一 すこ
一 かた よ せ て な きわらった一 こ
ソ ♭シ ド ド ド ソ ♭シ ♭シ ソ ファ ♭ミ ♭シ ♭シ
♭ミ ♭ミ ♭ラ ♭ラ ♭ミ ド
しずつほど一けるから 一
ド ド ド ド ド ♭ミ レ ド ド ♭シ ♭シ
♭ラ ♭ラ ♭シ ♭シ ♭シ ♭シ ♭ラ
2.
一 いつだって だいじ なもん だ一 け このりょう てだ一して
ソ ファ ソ ド ♭ミ ド ♭ミ ファ ド ♭シ ♭ミ ド ♭ミ ♭ミ ファ ♭ミ ♭ミ
♭ミ ♭ミ ♭ラ ♭ラ ♭シ ♭シ

アニメ・テレビ曲

なにがおこったーって
グッ てにぎってー
やみをて らーして
いっぽず つーす
す もうー
もしも
こわくなったーなら
にげたっていいんじゃーない？
そらのか なーた
まっ たなしー で
ひろがる せーかい
いっしょに みーに
ゆ こうー

Coda ①
き
D.S.①
の ばしょ い
つ で も か えー れ る から
ー ー ー ー
D.S.②
Coda ②
ー だいじ なもん だー け
こ のりょうてだしーて
なにがおこったーって
グッ て にぎってー
あすをめざしーて
ゆ う や け の む こ
う へー
あ る き だ
そう

あそび向き

オフロスキーかぞえうた

作詞・作曲：小林顕作

ポイント

左手の16分音符を生かし、ラテン調のリズムを刻みましょう。

みっつみんなが よんでもないのに よっつよんだ？ って
ななつないてる ともだちどこかな やっつやっほっほいって
ミ ソ ミ ラ ソ ミ ソ ラ ラ ド ラ ♭ラ ♭ラ ド ♭ラ ソ ド ソ ソ
ド ド ソ ド ド ソ ファ ファ ド ド ソ ファ ファ ド
1.
でてくるよそれが オフロ オフロ オフロスキー
げんきだせそれが
ラ ソ ミ レ ド ソ ラ シ ド ド ド ラ ラ ラ ソ ソ ラ ソ ド ミ ファ ♯ファ
ソ ソ ソ ド ド ソ ド ファ ソ ド
2.
オフロ オフロ オフロスキー 「それでは つづけて やって
ド ド ド ラ ラ ラ ソ ソ ラ ソ ド ド ド ド ド ド ド
ド ファ ソ ド ド ソ ド ド ソ ド ド ソ
みよう！」 ひとりであそんで ふらふら フラダンス
ミ ミ ミ ミ レ ミ ミ ソ ミ ラ ソ ミ レ ド レ ド ラ ド ド ド ド
ド ド ソ ド ド ド ソ ド ド ソ ド ド ラ ド ド ラ

アニメ・テレビ曲

み んな が よんでもないのに
よんだ？ ってでてくるよ
いっ ぱ い も の た て
ミ ミ ソ ミ ラ ラ ソ ソ ミ ミ ソ ソ
ド ド ソ ド ド ソ
レ ソ ソ ソ ソ ソ
ソ ソ ソ ソ ソ ソ
ミ ソ ミ ラ ソ ミ ソ
ド ド ソ ド ド ソ
むちゅう でパン！
な い て る と も だ ち
やっほっほいのほい
ラ ラ ド ラ
ファ ♭ラ
ソ ソ ド ソ ラ ラ ド ソ
ド ド ソ ファ ファ ド
ラ ソ ミ レ ド ミ ファ ♯ファ
ソ ソ ソ ド
ラ ソ ド レ ♯レ
ド ド ソ ド ド ソ
ファ ミ
ド ド ソ ド ド ソ
♯ド レ ミ ファ ソ ラ シ
ソ ソ ソ ソ レ
こ このつここまで
「うん よくがんばった！」
ラ ソ
ド ド ソ ド ド ソ
ミ ミ ソ ミ ラ ソ ミ ソ
ミ ド ♭シ ド
ファ ド
ファ ラ ド ファ ♭ラ
ファ

とうっ! てさっぱりして
ジュースがうまい! それが
ファ ファ ファ ファ
ソ ソ ソ ラ ラ ラ
ド ド ソ ファ ファ ド
シ シ シ ソ ラ シ
ソ ソ レ ド ド ソ
オフロ オフロ
ド ド ド ラ ラ ラ
ド ファ
オフロスキー
ソ ソ ラ ソ ド ド レ #ド
ソ ド
オフロ オフロ
ド ド ド ラ ラ ラ
ド ファ
オフロスキー
ソ ソ ラ ソ ド ミ ファ レ
シ ド
オフロ オフロ
ド ド ド ラ ラ ラ
ド ファ
オフロス
ソ ソ ラ ソ
ソ
キー
ミ ミ ミ ミ ソ ソ ソ ソ
ド
ド ド ソ ド ド ソ
ファ ファ ファ ファ ラ ラ ラ ラ
ファ ファ ド ファ ファ ド
ソ #ファ ミ ファ レ シ レ
ソ
ド ド
ミ
ド ド

うた向き

ゆめのタネ

作詞：石川絵理
作曲：馬飼野康二

ポイント 休符を挟んだり、シンコペーションでリズムの強弱がずれていきます。行進したくなるようなテンポ感は大切にしましょう。

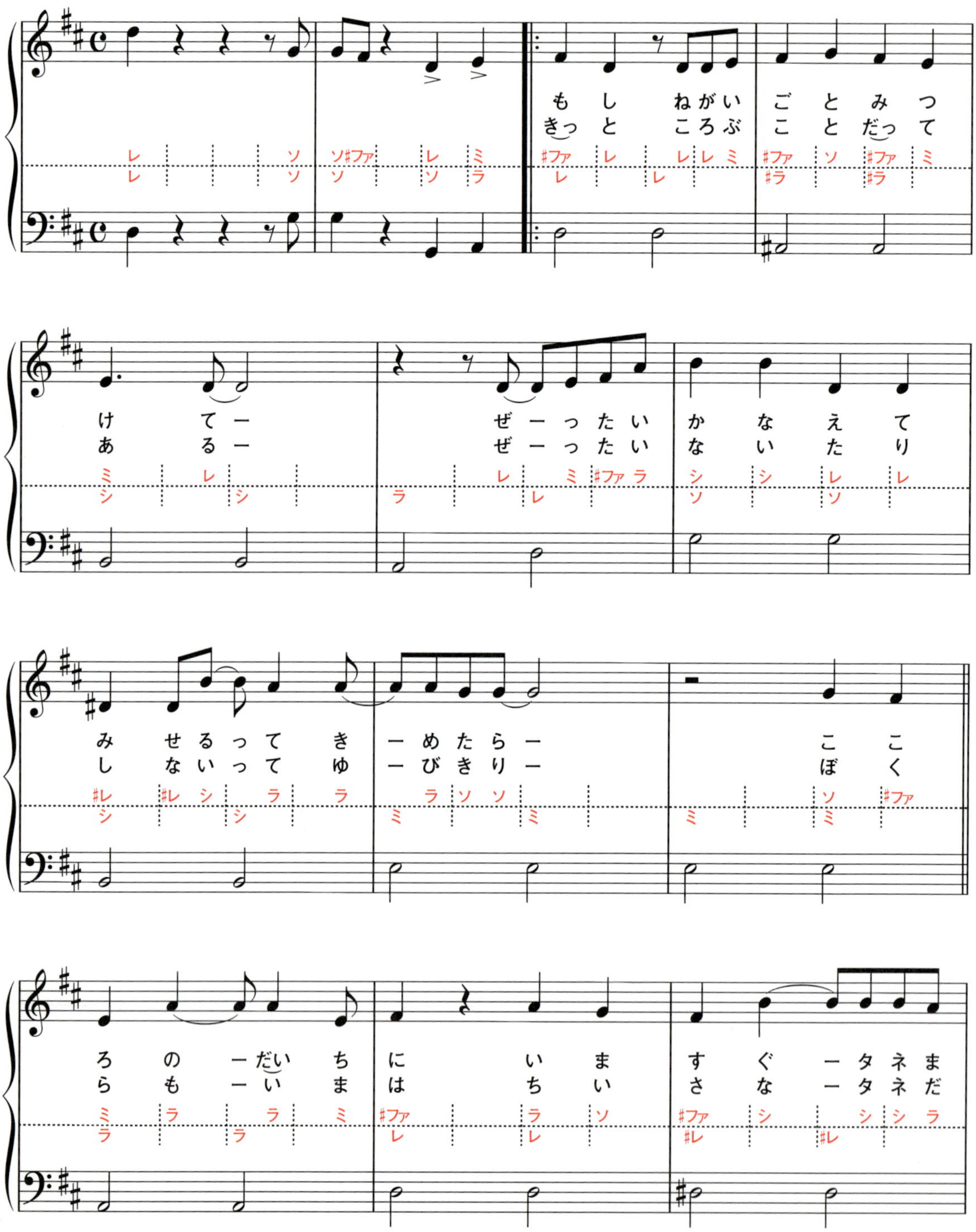
も し ねがい ご と み つ
きっ と ころぶ こ と だっ て
け て ー ぜ ー っ た い か な え て
あ る ー ぜ ー っ た い な い た り
み せ る っ て き ー め た ら ー こ こ
し な い っ て ゆ ー び き り ー ぼ く
ろ の ーだい ち に い ま す ぐ ー タ ネ ま
ら も ー い ま は ち い さ な ー タ ネ だ

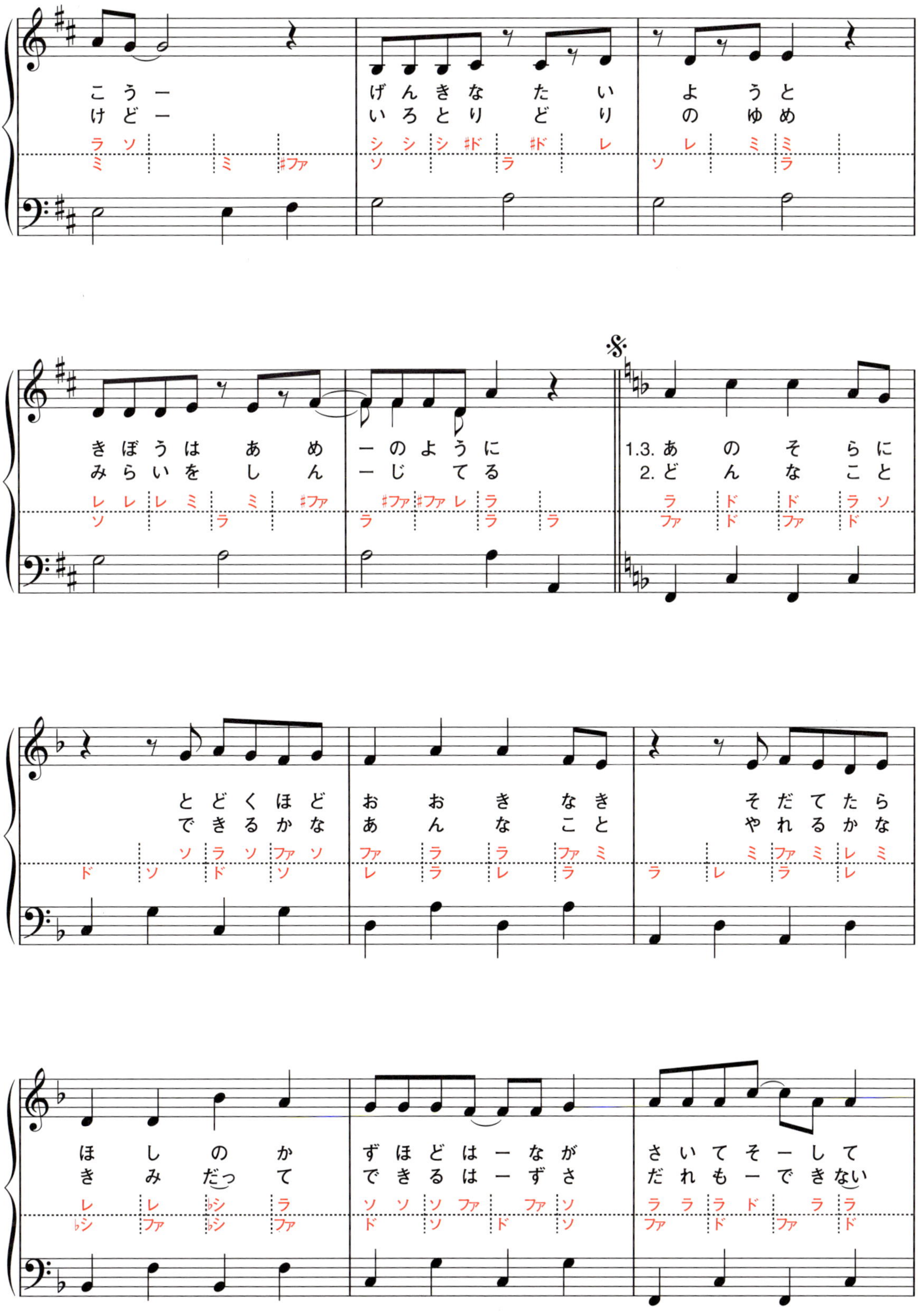
こ う ー げ ん き な た い よ う と
け ど ー い ろ と り ど り の ゆ め
ラ ソ シ シ シ ♯ド ♯ド レ レ ミ ミ
ミ ミ ♯ファ ソ ラ ソ ラ
き ぼ う は あ め ー の よ う に
み ら い を し ん ー じ て る
レ レ レ ミ ミ ♯ファ ♯ファ ♯ファ レ ラ
ソ ラ ラ ラ ラ
1.3. あ の そ ら に
2. ど ん な こ と
ラ ド ド ラ ソ
ファ ド ファ ド
と ど く ほ ど お お き な き そ だ て た ら
で き る か な あ ん な こ と や れ る か な
ソ ラ ソ ファ ソ ファ ラ ラ ファ ミ ミ ファ ミ レ ミ
ド ソ ド ソ レ ラ レ ラ ラ レ ラ レ
ほ し の か ず ほ ど は ー な が さ い て そ ー し て
き み だっ て で き る は ー ず さ だ れ も ー で き ない
レ レ ♭シ ラ ソ ソ ソ ファ ファ ソ ラ ラ ラ ド ラ ラ
♭シ ファ ♭シ ファ ド ソ ド ソ ファ ド ファ ド

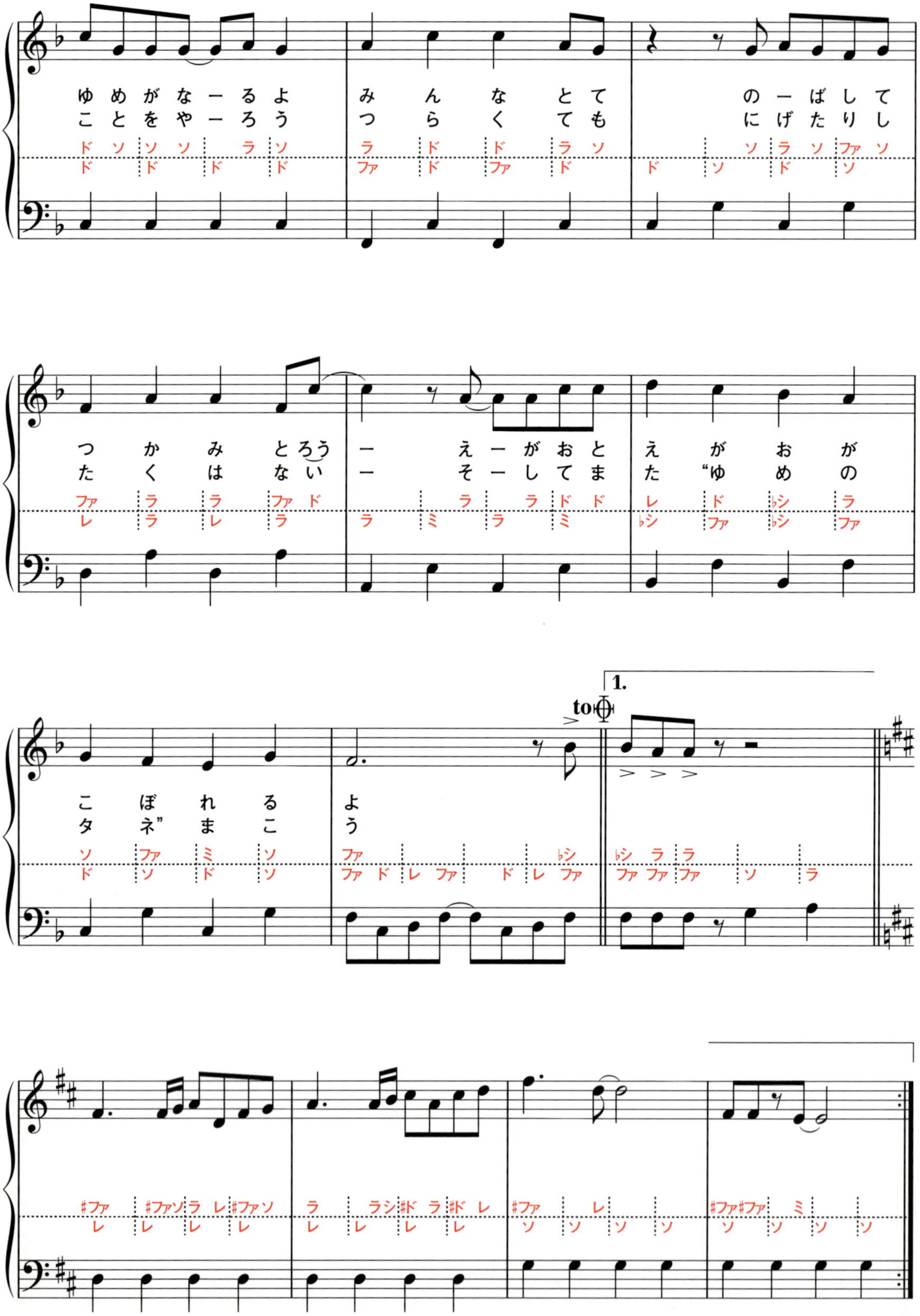
ゆめがなーるよ　みんなとて　のーばして
ことをやーろう　つらくても　にげたりし
つかみとろうー　えーがおと　えがおが
たくはないー　そーしてま　た“ゆめの
こぼれる　よ
タネ”まこ　う
to
1.

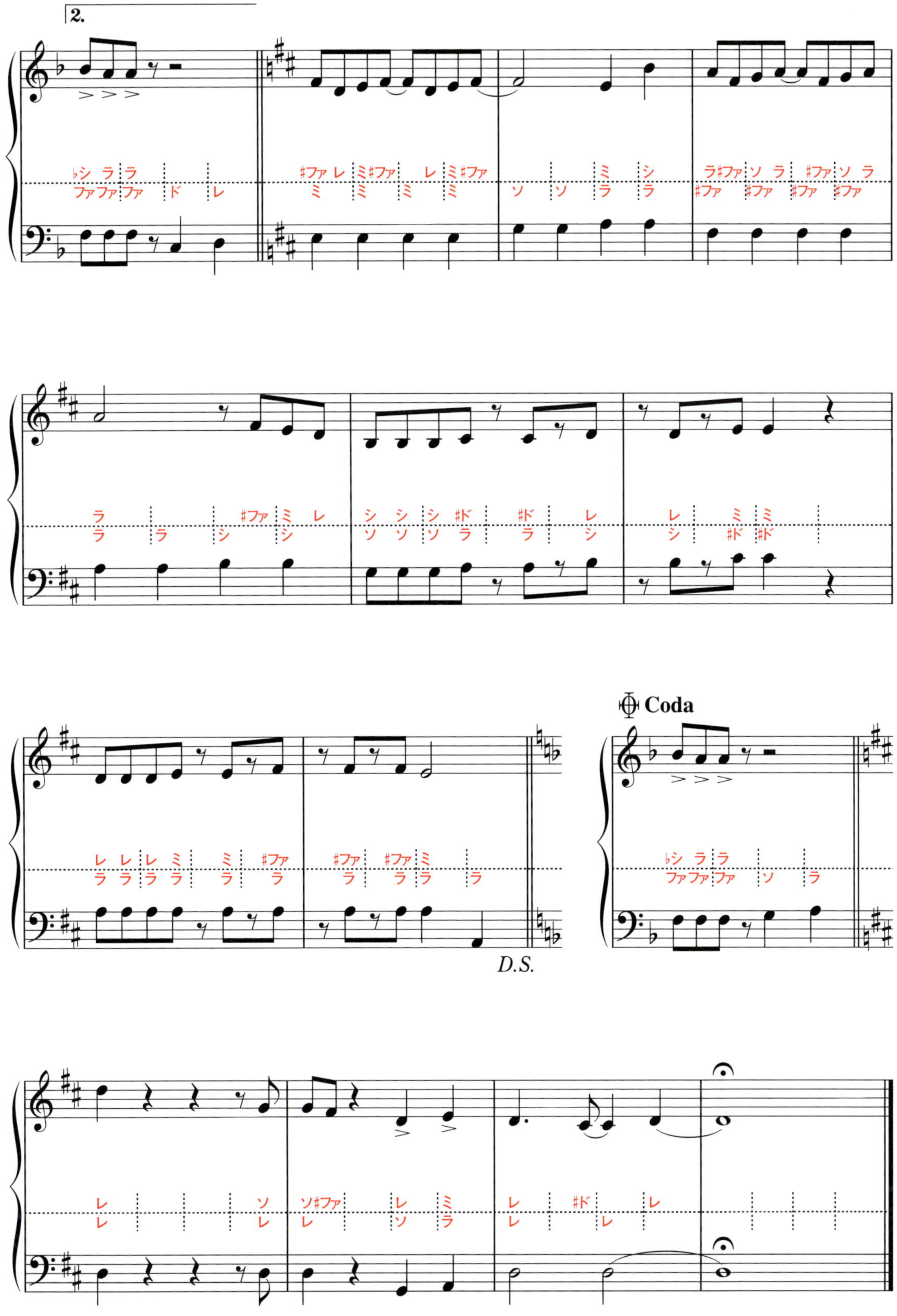
2.
♭シ ラ ラ ♯ファ レ ミ ♯ファ レ ミ ♯ファ ミ シ ラ ♯ファ ソ ラ ♯ファ ソ ラ
ファ ファ ファ ド レ ミ ミ ミ ミ ソ ソ ラ ラ ♯ファ ♯ファ ♯ファ ♯ファ
ラ ♯ファ ミ レ シ シ シ ♯ド ♯ド レ レ ミ ミ
ラ ラ シ シ ソ ソ ソ ラ ラ シ シ ♯ド ♯ド
レ レ レ ミ ミ ♯ファ ♯ファ ♯ファ ミ
ラ ラ ラ ラ ラ ラ ラ ラ ラ ラ
D.S.
Coda
♭シ ラ ラ
ファ ファ ファ ソ ラ
レ ソ ソ ♯ファ レ ミ レ ♯ド レ
レ レ レ ソ ラ レ レ

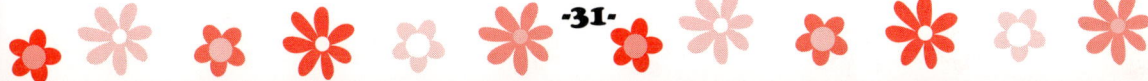

あそび向き

みいつけた！

作詞・作曲：トータス松本

ポイント

右手の音域の広さを生かすために、低い音は一段と重々しい感じで弾きます。高い音はペダルを使ったりして、伸びやかに弾きましょう。

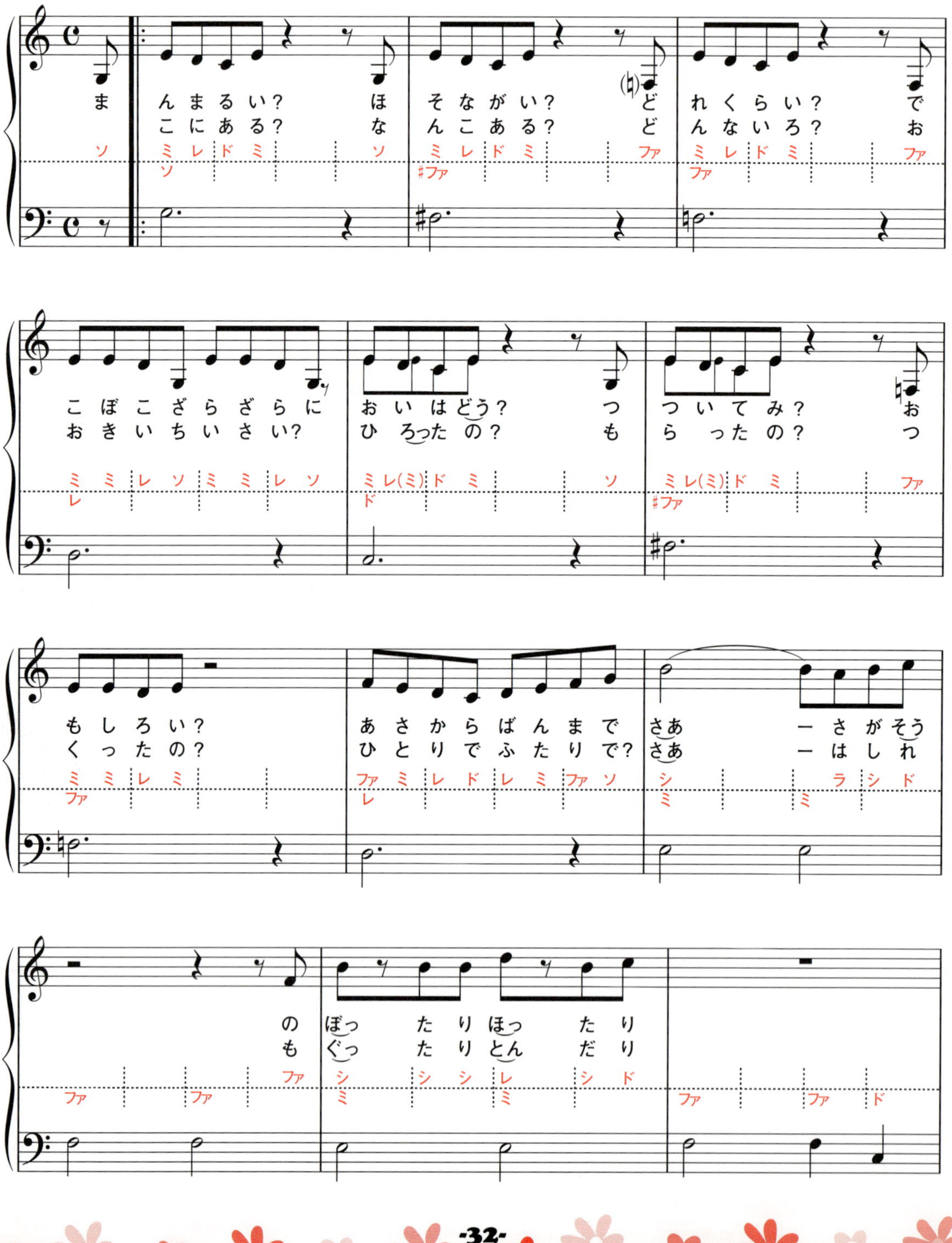

ま　んまるい？　ほ　そながい？　ど　れくらい？　で
こにある？　な　んこある？　ど　んないろ？　お
ソ　ミ レ ド ミ　ソ　ミ レ ド ミ　ファ　ミ レ ド ミ　ファ
ソ　♯ファ　ファ
こぼこざらざらに　おいはどう？　つ　ついてみ？　お
おきいちいさい？　ひろったの？　も　らったの？　つ
ミ ミ レ ソ ミ ミ レ ソ　ミ レ(ミ) ド ミ　ソ　ミ レ(ミ) ド ミ　ファ
レ　ド　♯ファ
もしろい？　あさからばんまで　さあ　ーさがそう
くったの？　ひとりでふたりで？　さあ　ーはしれ
ミ ミ レ ミ　ファ ミ レ ド レ ミ ファ ソ　シ　ラ シ ド
ファ　レ　ミ　ミ
の　ぼったりほったり
も　ぐったりとんだり
ファ　シ　シ シ　レ　シ ド
ファ　ファ　ミ　ミ　ファ　ファ　ド

すべっ て ころんで どこーまでも ー
あせかきベソかき どこーまでも ー
シ シ (シ) シ シ ド レ ド ド ラ シ ド レ
ミ ミ レ レ ソ ソ
𝄋
あーいのー たまご たまご
アイーディアの (𝄋)つぼみ つぼみ
ミ ミ レ ド ラ シ ド ド ソ ソ
ソ ソ ソ ファ ファ ド ド
あたためよ ーうー きみの
ふくらませ ーよう ぼくの
ラ シ ド レ ド ソ ラ シ ド
ファ ファ ド ド ファ ファ
to Φ
1.
たまご なにがでる？ ー ど
つぼみ なにがさく？
ド ソ ミ ファ ミ レ ド レ ソ
ミ ミ レ ファ ソ ソ ソ

アニメ・テレビ曲

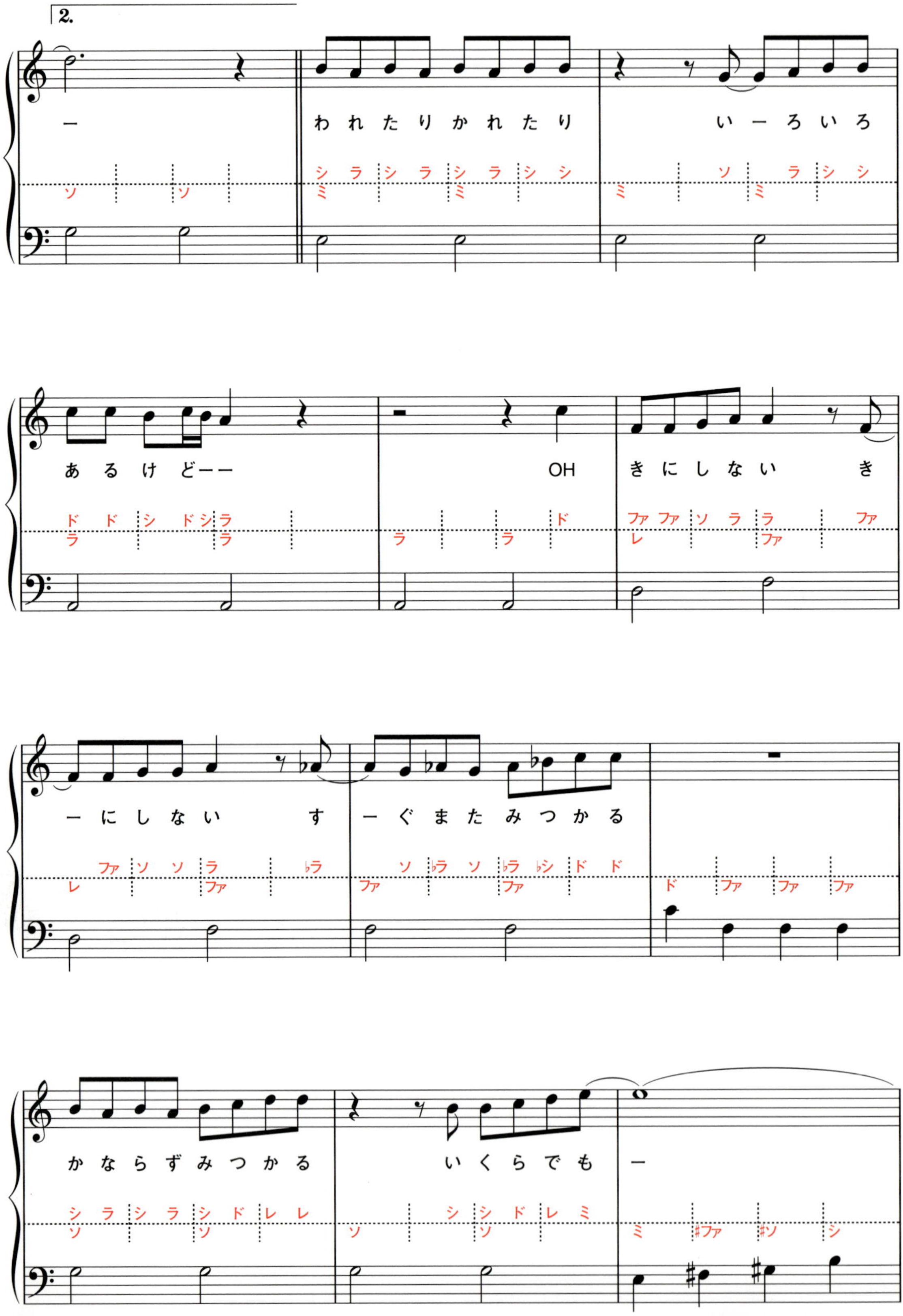
2.
ー
わ れ た り か れ た り
い ー ろ い ろ
ソ ソ
シ ラ シ ラ シ ラ シ シ
ミ ミ
ソ ラ シ シ
ミ ミ
あ る け ど ー ー
OH
き に し な い き
ド ド シ ド シ ラ
ラ ラ
ド
ラ ラ
ファ ファ ソ ラ ラ ファ
レ ファ
ー に し な い す
ー ぐ ま た み つ か る
ファ ソ ソ ラ ♭ラ
レ ファ
ソ ♭ラ ソ ♭ラ ♭シ ド ド
ファ ファ
ド ファ ファ ファ
か な ら ず み つ か る
い く ら で も
ー
シ ラ シ ラ シ ド レ レ
ソ ソ
シ シ ド レ ミ
ソ ソ
ミ ♯ファ ♯ソ シ

ー あーいのーー たまご たまご
あたためよーうー きみの
たまご なにがでる?ー アイーディアの
D.S.
Coda
ー ー どこにある?ー ー

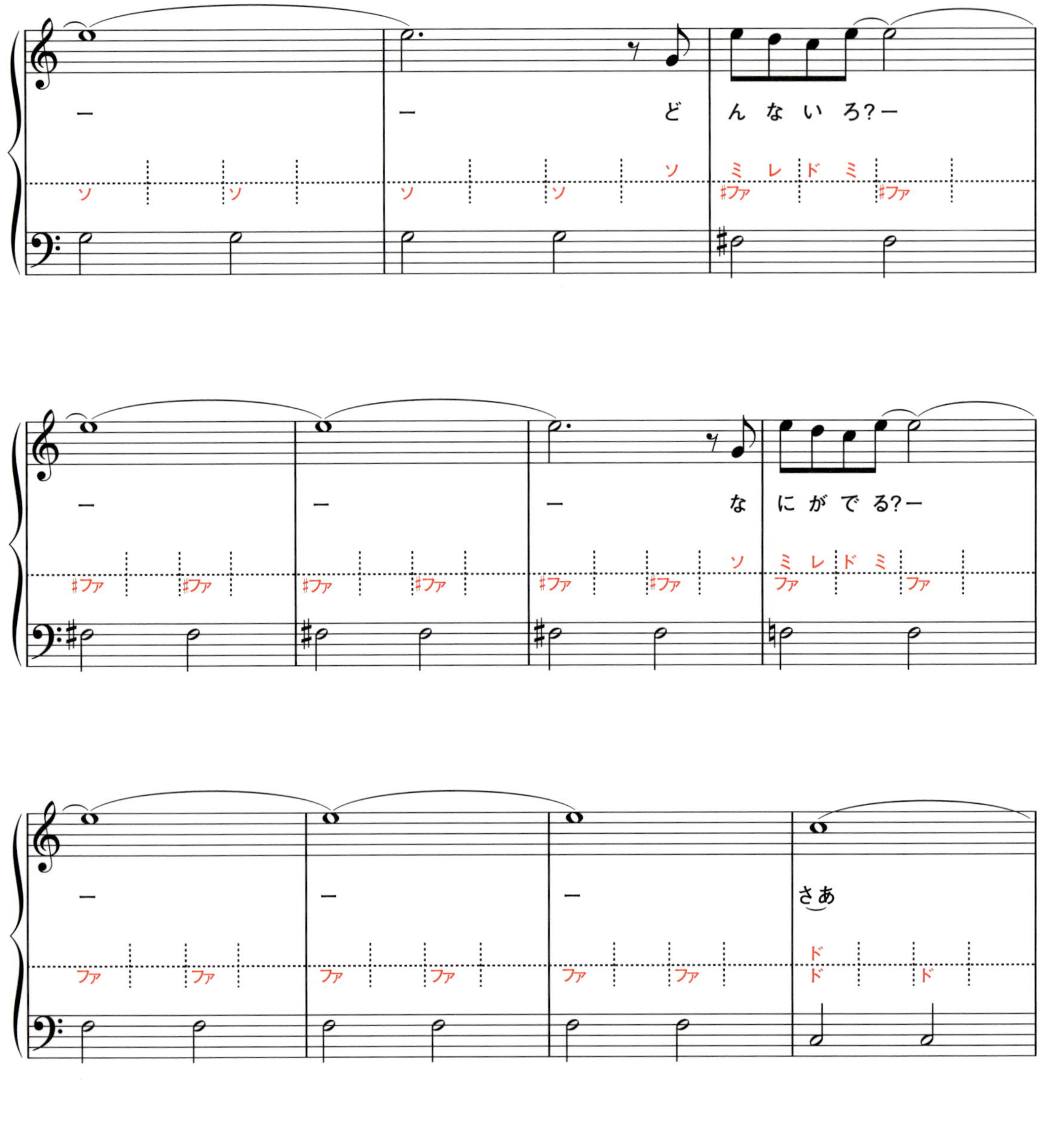
ー ー ど んないろ?ー
ソ ソ ソ ソ ソ ミ レ ド ミ ♯ファ ♯ファ
ー ー ー な にがでる?ー
♯ファ ♯ファ ♯ファ ♯ファ ♯ファ ♯ファ ソ ミ レ ド ミ ファ ファ
ー ー ー さあ
ファ ファ ファ ファ ファ ファ ド ド ド ド
3
rit.
ー ーさが そう ーー ー ー ー ー
♯ファ ♯ファ ソ ラ ド ファ ファ レ ド レ ラ ソ ミ ソ ド ミ ド

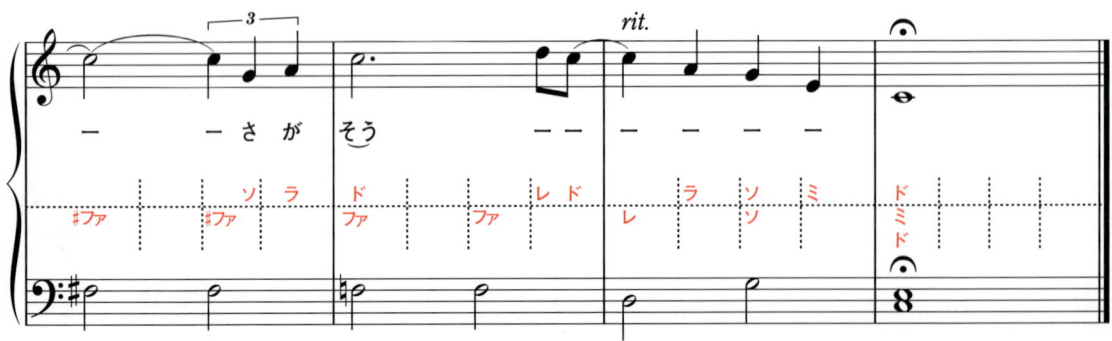

あそび向き

あっというま！（はれやねんバージョン）

作詞・作曲：トータス松本

ポイント　イントロの同音は期待感を抱かせるよう、単調にならずに表情を付けましょう。「あっというま！」の歌詞のところを少し速めに弾くと歌詞の雰囲気が伝わります。

きょうの ー てんき は ー はれ
ー やねん ー ドア ー をあけ たら ー そとは
ー てん ごく ー いぬも ー はし るよ ー こう

ー えん ー おい ー かける ける ー にげる
♯ファ ラ レ レ レ ♯ド シ ラ レ ♯ファ ミ
ソ ソ レ レ ソ ソ ♯ファ ♯ファ
ー げーるげる ー そん な こん なで ー
レ ミ レ レ レ レ ド ド ド
ミ ラ レ レ ラ ラ
ひざからちが でた ー しらん ぷり してー
ド ド ド ド ド レ シ レ レ ミ レ レ
ラ ラ ソ ソ ソ ソ ソ ソ シ シ
なみだがこぼ れた ー ー ー ラ ラ ラ
レ シ レ シ レ レ ミ シ ♯ソ ラ シ
シ シ ミ ミ ミ ミ ミ ミ ミ ミ

あっ というまっ！
ミ ♯レ ♯ド ♯レ ミ
ラ ラ
あっ というまっ！
シ ラ ♯ソ ラ シ
ミ ミ
あっ というまに
ラ ♯ソ ♯ファ ♯ソ ラ ラ
♯ファ ♯ファ
もとどおり
♯ソ ♯ソ ♯ソ ラ シ
ミ ミ
みて みて
ミ ♯ド ♯レ シ
ラ シ
ほらみてー ぜ
シ ラ ♯ソ ♯ド ♯ド
ミ ミ
んぜん だいじょうぶ
ミ ミ ミ ♯ファ ♯ソ ♯ファ ミ
ラ シ
ー
ミ ミ ミ ♯ソ
きて きて
ミ ♯ド ♯ド シ
ラ シ
これみてー す
シ ラ ♯ソ ♯ド ♯ド
ミ ミ
ごいのみーつけた
ミ ミ ミ ♯ソ ♯ファ ミ ミ
ラ シ
rit.
ー す
♯ド
ミ ミ ミ
ごいのみーつけた
ミ ミ ミ ♯ソ ♯ファ ミ ミ
ラ シ
ー
♯ソ
ミ

アニメ・テレビ曲

振り付け向き

おんなじキモチ

作詞：黒須チヒロ
作曲：藤末　樹

ポイント

曲の先へ先へと進むテンポ感を出すため、右手は軽く弾きましょう。間奏は手拍子やダンスを入れると楽しいですね。

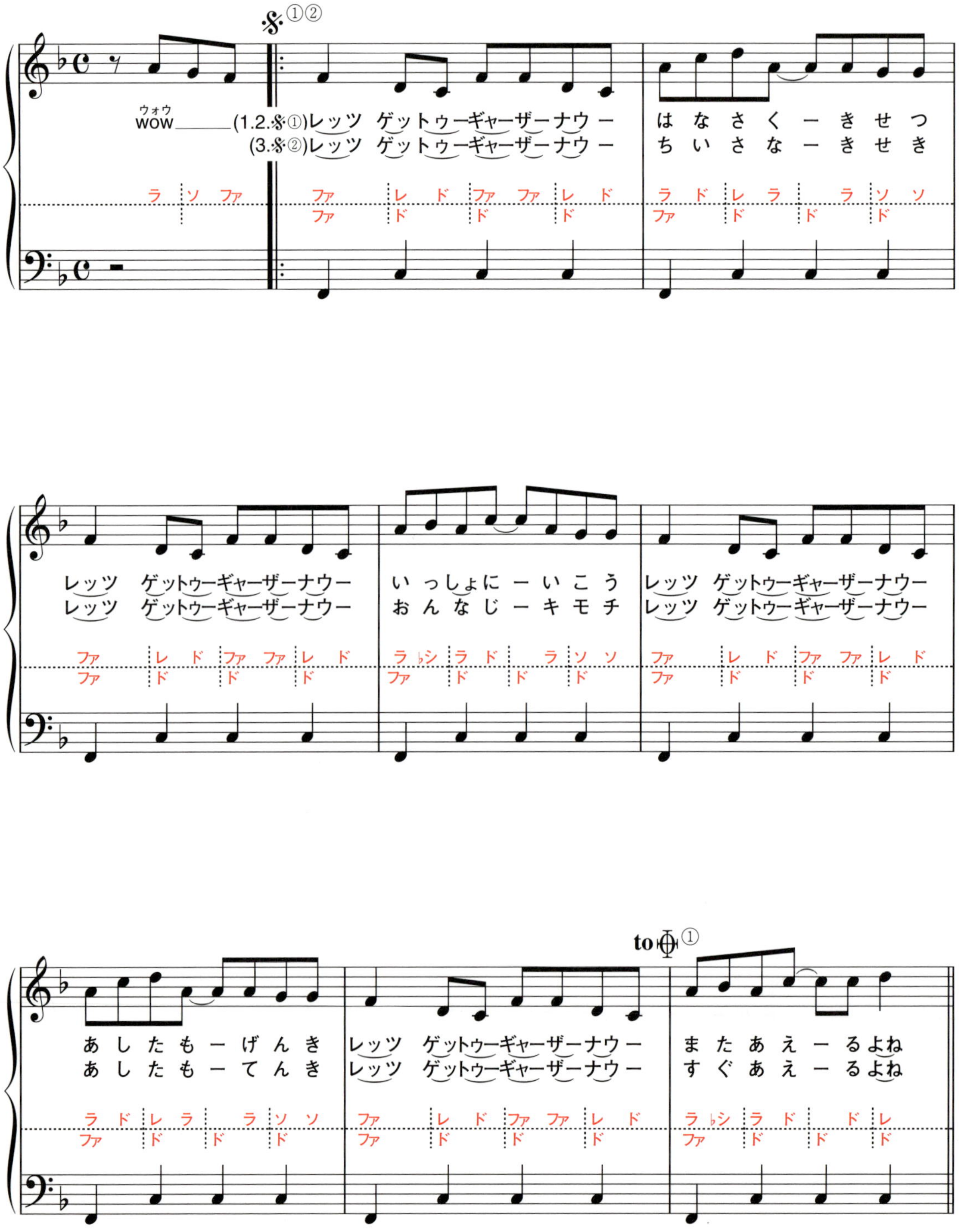

𝄋①②
WOW《ウォウ》＿＿(1.2.𝄋①)レッツ ゲットゥーギャーザーナウー はなさくーきせつ
(3.𝄋②)レッツ ゲットゥーギャーザーナウー ちいさなーきせき
ラ ソ ファ ファ レ ド ファ ファ レ ド ラ ド レ ラ ラ ソ ソ
ファ ド ド ド ファ ド ド ド
レッツ ゲットゥーギャーザーナウー いっしょにーいこう レッツ ゲットゥーギャーザーナウー
レッツ ゲットゥーギャーザーナウー おんなじーキモチ レッツ ゲットゥーギャーザーナウー
ファ レ ド ファ ファ レ ド ラ ♭シ ラ ド ラ ソ ソ ファ レ ド ファ ファ レ ド
ファ ド ド ド ファ ド ド ド ファ ド ド ド
to 𝄌①
あしたもーげんき レッツ ゲットゥーギャーザーナウー またあえーるよね
あしたもーてんき レッツ ゲットゥーギャーザーナウー すぐあえーるよね
ラ ド レ ラ ラ ソ ソ ファ レ ド ファ ファ レ ド ラ ♭シ ラ ド ド レ
ファ ド ド ド ファ ド ド ド ファ ド ド ド

ド ラ ラ ラ ド ♭シ ラ ラ ラ ラ ラ ソ ファ ラ ソ ファ ラ ♭シ ラ
ファ ド ド ド ファ ド ド ド ファ ド ド ド ソ ソ ソ ド
to ⊕②
ラ ラ ラ ラ ソ ファ ラ ラ ラ ラ ド ♭シ ラ ラ ラ ラ ラ ソ ファ
ファ ド ド ド ファ ド ド ド ファ ド ド ド
1.2.
たくさんわらった ひはー
たくさんないた よるもー
ラ ラ ラ ラ ラ ラ レ ファ レ ファ レ ファ ソ ミ ファ ミ
ソ ソ ソ ド ファ ♭シ ♭シ ♭シ ラ ミ ミ ミ
すごくおなかが すくーねー しばふにねころ
すごくおなかが すくーねー ながれるほしに
レ ファ レ ファ レ ファ ソ ラ ラ ♭シ ラ レ ファ レ ファ レ ファ ソ
♭シ ファ ファ ファ レ ラ ラ ラ ファ ♭シ ♭シ ♭シ

んだ ら ー　みどりのニオイ　が ふわり
いのって ー　こぼれそうなゆ　め つかもう
ミ ファ ミ　レ ファ レ ファ レ ファ ソ　ラ ラ ♭シ ド
ラ ミ ミ ミ　♭シ ファ ファ ファ　レ ラ ラ ラ
だ いスーキ な　ー キミが　そ ばにーい る
た いせーつ な　ー ボクの　た からーも の
レ ド ♭シ ラ ラ　ソ ♭シ ド レ　ミ レ ド ♭シ ♭シ
♭シ ファ ファ ファ　ド ソ ソ ソ　ラ ミ ミ ミ
ー それ　だ けでー だい　じょ うぶー どん
ー いつ　ま でもー かわ　ら ないー ギュッ
ラ レ ミ　ファ ミ ファ レ ミ　ファ ミ ファ レ ミ
レ ラ ラ ラ　ソ レ レ レ　ラ ファ ファ ファ
な もんだいも　ー とける　ー
と だきしめて　ー いたい　ー
WOW《ウォウ》
ファ ファ ラ ソ ファ ソ　ソ レ ド　ラ ソ ファ
シ ソ ソ ソ　ド ソ ソ ソ　ド ド ド

3.
だいスーキなーキミがそばにーいる
レ ド ♭シ ラ ラ ソ ♭シ ド レ ミ レ ド ♭シ ♭シ
♭シ ファ ファ ファ ド ソ ソ ソ ラ ミ ミ ミ
ーそれだけでーだいじょうぶーどん
ラ レ ミ ファ ミ ファ レ ミ ファ ミ ファ レ ミ
レ ラ ラ ラ ソ レ レ レ ラ ファ ファ ファ
なもんだいもーとけるーWOW《ウォウ》
ファ ファ ラ ソ ファ ソ ソ レ ド ラ ソ ファ
シ ソ ソ ソ ド ソ ソ ソ ド ド ド
D.S.①
Coda ①
またあえーるよね
ラ ♭シ ラ ド ド レ
ファ ド ド ド
D.S.②
Coda ②
ラ ラ ラ ララ ラ
ソ ソ ソ ソ ファ レ ♭シ

あそび向き

ドコノコノキノコ

作詞：もり ちよこ
作曲：ザッハトルテ

ポイント 16分音符がこの曲の特徴を出しています。リズムを少し強調して弾くと、より特徴的になり、楽しさが増しますね。

ミ シ シ ♯ラ シ ド ド シ ラ ♯ファ ラ ラ ソ ♯ファ ♯レ ミ ♯ファ ソ ラ シ
ミ ミ ラ ラ シ シ ミ ミ
（サルノコシカケ キツネノチャブクロマツタケ シイタケアリッタケ〜）
ミ シ シ ♯ラ シ ド ド シ ラ シ ド ♯レ ♯レ ミ ♯ファ ♯レ ミ ミ
ミ ミ ラ ラ シ シ ミ ミ
Repeat 3times
ド コ ノ コ ノ キ ノ コ コ ノ キ ノ コ
ミ シ ♯ラ シ シ ド シ ラ ラ シ ラ ソ ♯ファ
ミ ミ ラ ラ シ シ
ド コ ノ ド コ ノ コ ノ キ ノ コ
ソ ラ シ ミ シ ♯ラ シ シ ミ レ ド
ミ ミ ミ ミ ラ ラ

モ ーーーリ ノ キ ノ コ も り の き の こ は
ソ ーーーラ ノ キ ノ コ そ ら の き の こ は
ウ ーーーミ ノ キ ノ コ う み の き の こ は
シ ドシ ラ ソ ソ ♯ファ ミ シ シ シ シ シ ラ ソ
シ シ ミ ミ ミ ミ ミ ミ
ら っ ぱ に な っ て おん ぷ が
らっ か さん に な っ て あ お い
く ら げ に な っ て みど り の
ラ ラ (ラ) ラ シ ド シ ラ ラ ラ ラ
ラ ラ ラ ラ レ レ
く も ま で と ん で っ た
な み まに ま い お り た
も ー ー りの ゆ め を み た
ラ (シ)ラ (ラ) ソ ♯ファ ソ ソ ソ ラ シ
レ レ ソ ソ ♯レ
ぷっ ぷ る ぱ ぱ〜 ぷ る ぱっ ぱ〜 ぷっ ぷ る ぱ ぱ〜
する す る ら ら〜 す る らっ ら〜 する す る ら ら〜
ゆら ゆ ら る る〜 ゆ ら るっ る〜 ゆら ゆ ら る る〜
ミ ミ ミ シ シ ド ド ラ ラ シ シ シ ♯ファ ♯ファ
ミ ミ ラ シ シ

ぷるぱっぱ〜 そらには ないしょの
すするらっら〜 うみには ないしょの
ゆらるっる〜 だれにも ないしょの
ソ ソ ミ ミ ミ ラ ソ ♯ファ ソ ♯ファ ラ シ ド ラ ラ
はなしだ よ (ンダダンダ〜) ドココノコノ
はなしだ よ (ンダダンダ〜) ドココノコノ
はなしだ よ (ンダダンダ〜)
シ シ ♯レ ♯レ シ ラ ソ ♯ファ ミ ミ ミ シ ♯ラ シ シ ミ ミ
キノコ ココノキノコ ドココノ
キノコ ココノキノコ ドココノ
ド シ ラ ラ ラ ラ シ ラ ソ ♯ファ シ シ ソ ラ シ ミ ミ
ドココノコノ キノコ モーーーリノ キノコ
ドココノコノ キノコ ソーーーラノ キノコ
ミ シ ♯ラ シ シ ミ ミ ミ レ ド ラ ラ シ ドシラ ソ シ シ ソ ♯ファ ミ ミ ミ

ド ココ ノ コ ノ キ ノ コ ココ ノ キ ノ コ
ド ココ ノ コ ノ キ ノ コ ココ ノ キ ノ コ
accel.
ド コ ノ ド コ ノ コ ノ キ ノ コ
ド コ ノ ド コ ノ コ ノ キ ノ コ
1.
2.
3
ウ ーーーミ ノ キ ノ コ
キ ーーーノ コ キ ノ コ
a tempo
か み さ ま だ け ー が し っ て る よ （ホイ！）

振り付け向き

崖の上のポニョ

作詞：近藤勝也
補詞：宮崎 駿
作曲：久石 譲

ポイント　サビは元気良く、後半はしっとり弾くと、曲の幅が広がってメリハリが出せます。

1.2.ポー ニョ ポ ー ニョ ポ ニョ
(𝄋)ポー ニョ ポ ー ニョ ポ ニョ
さ か な の こ あ お い う み か ら や ー っ て き た
さ か な の こ が け の う え に や ー っ て き た
ポー ニョ ポ ー ニョ ポ ニョ ふ く ら ん だ まん ま る お な か の おん
ポー ニョ ポ ー ニョ ポ ニョ お ん な の こ まん ま る お な か の げん
to ⊕

なの こー
ソ ミ ファ ファ ミ ド ♭シ
♭シ ♭シ ラ ド ファ ド ファ ド
ラ ソ ファ ソ ミ ファ ド ファ ソ
ファ ド ファ ド ファ ミ
ペー タ ペ タ
フー ク フ ク
ピョー ンピョ ン
いい に お い
あ しっ て い い な
お なか が す い た
か け ちゃ お！
た べ ちゃ お！
ソ ド ソ ラ
ド ファ
ラ ファ ファ ラ ♭シ ド レ
ファ レ
ド ラ ファ ソ
ソ ド
ニー ギ ニ ギ
よー く よ く
ブー ン ブ ン
み てみ よ う
お てて は い い な
あ のこ も き っ と
ファ ド ファ ソ
ファ ミ
ソ (ド) ド ソ ラ
ド ファ
ラ ファ ファ ラ ♭シ ド レ
ファ レ

つ ない じゃお！ あのこと はね る と
み て い る いっしょに わら う と
ド ラ ド ファ ソ ソ ソ ソ ファ ソ ラ ド
ド ファ ド ♯ド レ ファ
こころも おど る よ パー クパ クチュッギュッ！
ホッペが あつ い よ ワー クワ クチュッギュッ！
ソ ソ ラ ソ ファ ♭レ ド ラ ラ ファ ファ ファ ファ レ ド
♭レ ♭シ ファ ド レ レ ラ ラ
パー クパ クチュッギュッ！ あのこ がだいす
ワー クワ クチュッギュッ！ あのこ がだいす
レ レ レ レ ド ♭シ ラ ♭シ ド ファ ファ ソ ラ
♭シ ♭シ ♭レ ♭レ ファ ミ レ ド
き まっかっかの
き まっかっかの
ソ ド ファ ファ ソ ソ ラ
♭シ ド レ ソ ド ♭シ
D.S.
Coda
きな こー
ソ ミ ファ
♭シ ♭シ ファ ファ

うた向き

君をのせて

作詞：宮崎 駿
作曲：久石 譲

ポイント 左手伴奏のリズムは、出だしは静かに始まり、中間部と間奏は強くします。そして終盤は広がりを感じられるように弾きましょう。

アニメ・テレビ曲

3
のどれーか ひとつに きみがいるか
ド ソ ♯ファ ソ ラ ラ シ ソ ソ ♯ファ ミ ミ ♯ファ ♯レ
ラ ラ ミ ミ ラ シ
ら さあ でかけよ う ひと
ミ ソ ラ シ ラ シ レ ラ レ レ
ミ ソ シ ソ シ レ ソ レ ♯ファ ラ ド
きれのパ ン ナイフ ランプか
ソ ♯ファ ソ シ シ ミ ♯ファ ソ ♯ファ ソ ラ ラ
ミ ソ シ ミ レ ♯ファ シ レ ド ミ レ ♯ファ
ばんに つめこん で
ソ レ レ ド シ ラ ソ シ
ソ シ レ ソ ラ ド ミ ソ シ ♯ファ ♯レ シ

ー とう さん が の こ し た あ
つ い お ー も い かあ さん が
く れ た あ の ま な ー ざ し ち きゅ
う は ま わ る き み を か く し

てかがやくひと
みきらめ
レ シ シ ド シ ド ソ シ ソ ソ ソ
シ シ ラ ラ ソ ソ
くともしび
ちきゅうはまわ
♯ファ ♯ド ♯ド ♯ファ ♯ファ ミ ♯ファ ソ ♯ファ ソ シ
♯ラ ♯ラ シ シ ミ ミ
るきみをのせてい
♯ファ シ ミ レ ミ ソ レ シ
レ レ ド ド シ シ
つかきーっとであうー
ぼくらをのせて
1.
ド ソ ♯ファ ソ ラ シ ソ ソ ♯ファ ミ ミ ♯ファ ♯レ ミ
ラ ラ ミ ミ ラ シ ミ ソ シ ミ

3
3
3
3
とう
2.
て

振り付け向き

さんぽ

作詞：中川李枝子
作曲：久石 譲

ポイント

左手の伴奏の音域がとても広くなっています。指使いを工夫し、元気良く弾きましょう。

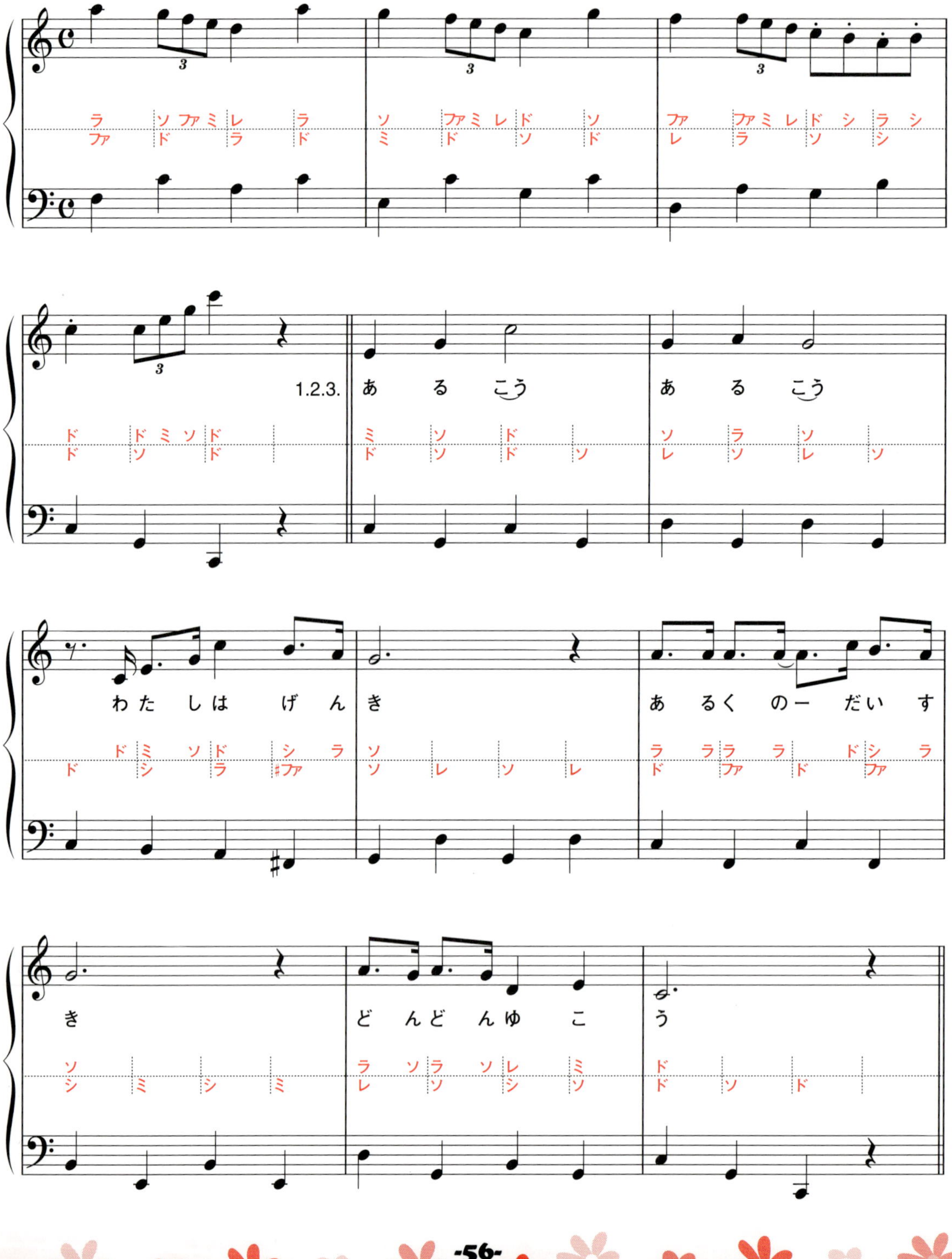
1.2.3.
あるこう
あるこう
わたしはげんき
あるくのーだいすき
どんどんゆこう

この曲は「発表会用の3段譜」がP.206〜にあります。

さかみちー トンネルー くさーっぱら
みつばちー ぶんぶんー はなばたけ
きつねもー たぬきもー でておいで
♭ラ ♭ラ ♭ラ ♭ラ ソ ソ ソ ソ ファ ファ ファ レ ミ
ファ ド ファ ド ミ ド ミ ド ファ ド ファ ド
ー いっぽんばしに ー でこぼ
ー ひなたにとかげ ー へびは
ー たんけんしよう ー はし
ド ド ド シ ソ ラ ラ シ ド
ソ ファ ミ レ ミ ラ ミ シ ファ ド ファ ド
こじゃりみ ちくものすくぐって
ひる ね ばったがとんで
のおくま で ともだちたくさん
レ ド シ ラ ソ ド シ ド ソ ミ ド(ミ) ド シ
レ ミ ファ ♯ファ ソ ファ ミ レ ド ソ ド ソ
ー くだりみち
ー まがりみち
ー うれしいな
ソ ソ ラ シ ド
シ ミ シ ファ ソ ド ソ ド

あそび向き

となりのトトロ

作詞：宮崎 駿
作曲：久石 譲

ポイント

序盤とサビは元気いっぱいに、中間部は語るように優しく弾きましょう。アニメの世界が広がることでしょう。

こみちにこーのみうずめて
ズブヌレオーバケがいたら
♭シ ラ ソ ファ♭シ ラ ソ ファ ファ ソ ソ ♭シ ド
♭シ ♭シ ♭シ ♭シ ♭シ ♭シ ♭シ ♭シ ド ド ド ド ド ド ド ド
ちっさなめー はえたら
あなたのー あまガサ
ファ ミ ファ ド ファ ミ ファ ド
ファ ファ ファ ファ ミ ミ ミ ミ レ レ レ レ
ー ひみつのあんごうー もりへ
ー さしてーあげましょー もりへ
♭シ ♭シ ♭シ ♭シ ♭シ ラ ソ ♭シ ソ ラ ♭シ
ド ド レ レ ソ ソ ソ ソ ♭レ ♭レ ♭レ ♭レ
のパスポートー すてきなぼ
のパスポートー まほうのと
ラ ラ ラ ソ ファ ラ レ ミ ファ ソ レ
ファ ファ ファ ファ レ レ レ レ ♭シ ♭シ ♭シ ♭シ

ー うけん はじまる ー ー となりの
ー びら あきます ー ー となりの
レ ミ ファ ソ ファ ド ファ ソ ラ ♭シ
♭シ ♭シ ♭シ ♭シ ド ド ド ド ド
(1.𝄋)ト ト ロ ト ト ー ロ ト ト ロ ト ト
(2.)ト ト ロ ト ト ー ロ ト ト ロ ト ト
ド ラ ファ ド ♭シ ソ ♭シ ソ ミ ♭シ ラ
ファ ファ ド ド ド ♯ド
ー ロ もりの なかにー む
ー ロ つきよ のばんにー オ
ファ ♭レ ファ ♭シ ラ (♭シ) ド ファ ラ
レ レ ♭シ ♭シ ラ レ
かしからすんでる となりの トトロ トト
カリナふーいてる となりの トトロ トト
♭シ ラ ♭シ ラ ♭シ ラ ファ ソ ファ ソ ラ ♭シ ド ラ ファ ド ♭シ
ソ ソ ド ド ファ ファ

ー ロ ト ト ロ ト ト ー ロ
ー ロ ト ト ロ ト ト ー ロ
ソ ♭シ ソ ミ ♭シ ラ ファ
ド ド ♭シ ♭シ レ レ
こ ど も の と き に だ け あ な た に お と ず れ る
も し も あ え た な ら す て き な し あ わ せ が
レ レ ド ♭シ ラ ♭シ ド ファ ファ ラ ♭シ ラ ファ ♭シ ラ ファ レ ド
♭シ ♭シ ラ レ ド ♭シ
to ⊕
ー ふ し ぎ な で あ い
ー あ な た に く る わ
ド ド ♭シ ラ ソ ラ ファ ソ
ド ド ド ド ド ド ファ ファ ファ ファ ソ ド レ ミ
D.S.
⊕ Coda
ふ し ぎ な で あ い
ド ド ♭シ ラ ソ ラ ファ ファ ラ
ド ド ファ ファ ファ ファ ファ

あそび向き

夢をかなえてドラえもん

作詞・作曲：黒須克彦

ポイント　三連符のリズムを生かして先へ進む感じを出し、夢の世界観を演出しましょう。

3
ラ ラ ♭シ ♭シ ソ ソ ♭シ ラ ソ ラ ラ ♭シ ♭シ ド ♭シ ラ ソ
ファ ファ ファ ド ド
1.こころのなかい　ーつもいつもえ　がいてるー　(え
2.やりたいことい　ーきたいばしょみ　つけたらー　(み
ド ド レ レ ミ ファ ド ド レ レ ミ ファ ラ ラ ソ ♯ファ ソ ラ
ファ ド ファ ド ソ レ
がいてるー)　ゆめをのせたじ　ーぶんだけのせ
つけたらー)　まよわないでく　ーつをはいてで
ラ ソ ♯ファ ソ ド ド レ レ ミ ソ ド ド レ レ ミ ソ ♭シ
ソ レ ド ソ ド ソ
かいちずー　(タケコプター)　そらをとんでと
かけようー　(タイムマシーン)　だいじょうぶさひ
♭シ ラ ソ ラ ド ド レ レ ミ ファ ド
ファ ド ド ♭シ ラ ソ ファ ド

アニメ・テレビ曲

ー き を こ え て と　お い く に ー で も　ー ド ー ア
ー と り じゃ な い ぼ　く が い る ー か ら　ー キ ー ラ
ド レ レ ミ ファ ラ　ラ ソ ♯ファ ソ レ ソ　レ ミ レ
ファ ド　ソ レ　ソ レ
を あ け て ほ ら い　き た い ー よ い　ま す ぐ ー
キ ラ か が や く た　か ら も の ー さ が　そ う よ ー
ド ド レ レ ミ ファ ファ　ソ (ソ) ラ ♭シ ラ ソ　ソ ファ ファ
ド ソ　ド ソ　ファ ド
(どこでもドア～)
(よじげんポケット～)
お と な に　なっ た ら ー わ　す れ ちゃ う
み ち に ま　よっ て も ー な　か な い で
(𝄋)お と な に　なっ て も ー き　ーっ と わ す
レ ファ ミ ファ　ソ ファ ド ラ　♭シ レ ド ♭シ
ファ ソ ラ　♭シ レ　ラ ド　ソ レ
の か な？ ー　そ ん な と　き に は ー お
い い よ ー　ひ み つ の　どう ぐ で ー た
れ な い ー た　い せ つ な　お も い ー い
ラ ♭シ ド (ド)　レ ファ ミ レ　ド ソ ファ ファ
ファ ド　♭シ レ　ラ レ

もいだし てみようー Sha la la la la ぼくの
すけてあ げるよー Sha la la la la くちぶ
つまでも ずっとー
ソ ファ ミ レ ミ ファ ソ ラ ラ ラ ラ ラ ド ファ ラ
ソ シ ド ド ファ ラ ド ファ
3
ここ ろに いつまでも かがや く ゆめー
えふ いて たからかに あるき だ そうー
ラ ♭シ ラ ソ ソ ソ ソ ソ ソ ド ミ ソ ♭シ ラ ラ
ソ ♭シ レ ソ ド ミ ソ ♭シ ファ ラ ド ファ
3
ドラえもん そのポ ケッ トでーか な えさせてね
ドラえもん あのま ち までーと ど けばいいね
ラ ラ ラ ラ ラ ラ ♭シ ド ド ♭シ ♭シ ラ ♭シ ラ ソ ファ ミ ファ
ファ ラ ド レ ソ ♭シ レ ソ ド ミ ソ ド
3
ー Sha la la la la うたを うた おう
ー Sha la la la la ぼくら のみ らい
ラ ラ ラ ラ ラ ド ファ ラ ラ ♭シ ラ ソ
ファ ド ファ ファ ラ ド ファ ソ ♭シ レ ソ

みんなでさぁ てをつ な いでー ドラえもん せかい
ゆめがいっぱい あふれ て るよー ドラえもん きみが
ソソソ ソ ソ ド ミ ソ ♭シ ラ ラ ラララ ラ ラ ラ ♭シ ド
ド ミ ソ ♭シ ファ ラ ド ファ ファ ラ ド レ
to Coda
じゅ うにーゆ め を そう あ ふ れ さ せ て
い れ ばーみ ん な が え が お に な る
ド ♭シ ♭シ ラ ♭シ ラ ソ ファ ファ ミ ファ ソ ファ
ソ ♭シ レ ソ ド ミ ソ ド ド ミ ソ ド
1.
ラ ♭シ ♭シ ソ ソ ♭シ ラ ソ ラ ラ ♭シ ♭シ ド ♭シ ラ ソ
ファ ラ ド ファ ファ ♭シ レ ファ ファ ラ ド ファ ド ド
2.
ファ ソ ラ
♭レ ファ ♭ラ ♭レ ♭レ ファ
D.S.
Coda
ファミレドレミファ ファ ド ラ
ファ ド ファ

振り付け向き

ドラえもんのうた

作詞：楠部 工
補詞：ばばすすむ
作曲：菊池俊輔

ポイント 前奏、終止部分の右手が難しくなっています。曲の重要な部分ですので、丁寧に弾きましょう。

できたらいいな あんなゆめこんなゆめ いっぱいあるけ
しけんにおつかい あんなことこんなこと たいへんだけー
いけたらいいな このくにあのしま たくさんあるけ
ラ シ ラ ♯ファ ソ ♯ファ ミ シ ミ ミ ソ ♯ド ♯ド シ ラ ソ ソ ソ ♯ファ シ ♯ド レ
レ ラ ミ ラ ミ シ ミ シ ミ シ ミ シ
ど みんなみんなみんな かなえてくれる
ど みんなみんなみんな たすけてくれる
ど みんなみんなみんな いかせてくれる
ミ ラ レ レ ♯ファ シ ♯ファ ラ ラ シ ラ ♯ファ ソ ♯ファ ミ
ミ ラ ミ ラ シ ♯ド レ ラ レ ラ レ ラ ミ シ
ふしぎなポッケで かなえてくれる
べんりなどうぐで たすけてくれる
みらいのきかいで かなえてくれる
シ ミ ミ ソ ♯ド ♯ド シ ラ ソ ソ ♯ファ ミ ♯ド ミ レ ♯ファ ソ ラ
ミ シ ミ ラ ミ シ ミ ラ レ ラ レ
そらをじゆうに とびたいな (ハイ！ タケコプター)
おもーちゃーーの へいたいだ (ソレ！ とつげきー)
せかいりょこうに いきたいな (ウフフフ！ どこでもドアー)
シ シ ラ ソ ラ シ ラ ミ ♯ファ ♯ソ ミ ラ シ ラ ミ ♯ファ ♯ソ ミ
レ ソ レ ラ ミ シ ミ ラ ミ ラ ミ シ

アンアンアン とってもだいすき ドラえも
ラ ラ ミ ミ ラ ラ ソ シ ラ ソ ミ #ド シ ラ シ ラ ソ ラ シ #ファ ミ
#ド ラ #ド ラ レ ソ レ ソ ミ ラ ミ ラ ミ ラ ミ ラ
1.2.
3.
ん ん アンアンアン とってもだいすき
レ レ シ ラ ソ ミ #ド シ ラ シ ラ ソ
レ ラ レ ラ シ #ド レ ラ レ ラ シ #ド レ ソ レ ソ ミ ラ ミ ラ
ドラえも ん ー
ラ シ #ファ ミ レ レ ミ #ファ ソ #ファ ソ #ファ ソ #ファ ミ #ミ
ミ ラ ミ ラ レ ラ レ ソ レ ソ レ
3
3
#ファ #ミ #ファ #ミ #ファ ミ レ シ シ #ド レ ミ シ シ #ド レ ミ レ ミ シ
ラ レ #ファ レ ソ レ ラ ソ レ ラ #ファ レ

振り付け向き

アンパンマンのマーチ

作詞：やなせたかし
作曲：三木たかし

ポイント　サビは元気良く、それ以外は心を込めてと弾き分けができると、作詞者の気持ちがより伝わるでしょう。

そ う だ　う れ し い ん だ　い きる よ　ろ こ び
シ シ ソ　ミ ♯レ ミ ♯ファ ソ ミ　ラ シ ラ ソ　♯ファ ミ レ
ソ シ　ソ ド　ラ ♯ド　レ ラ
た と え　む ね の き ず が　い た ん で　も
シ シ ソ　ミ ♯レ ミ ♯ファ ソ ミ　ラ シ ラ ♯ファ　ソ
ソ シ　ソ ド　ラ レ　ソ ソ
1.な ん の た め に　う ま れ て　な に を し て　い き る の か
2.な に が き み の　し あ わ せ　な に を し て　よ ー ろ こ ぶ
ソ ラ シ ド レ ソ　ミ レ ド レ　ド シ ラ シ ソ　ラ ラ ラ シ ラ
ソ レ　ソ シ　ソ レ　ラ レ

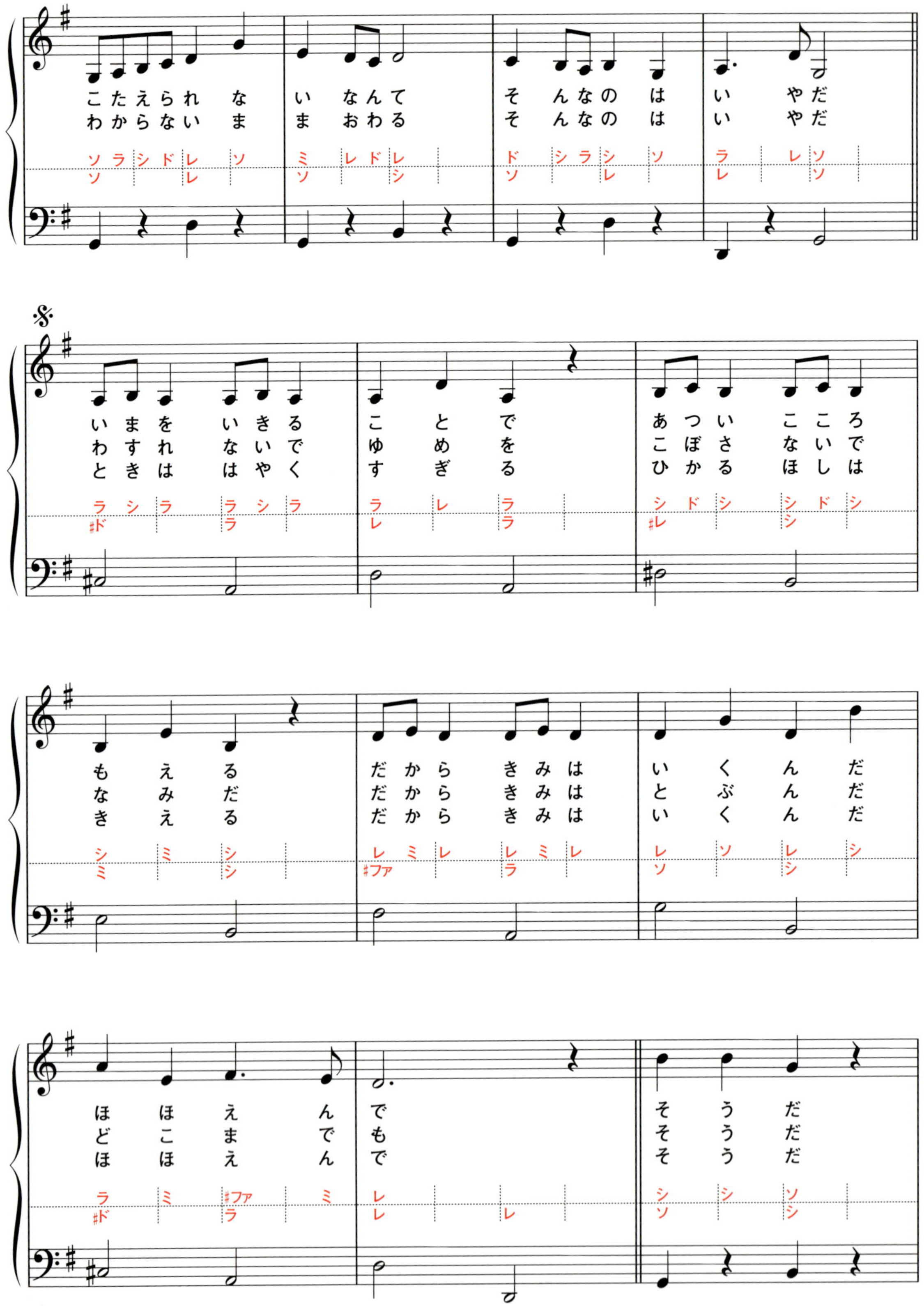
こたえられない なんて そんなのは いやだ
わからないまま おわる そんなのは いやだ
ソ ラ シ ド レ ソ ミ レ ド レ ド シ ラ シ ソ ラ レ ソ
ソ レ ソ シ ソ レ レ ソ
いまを いきる ことで あつい こころ
わすれ ないで ゆめを こぼさ ないで
ときは はやく すぎる ひかる ほしは
ラ シ ラ ラ シ ラ ラ レ ラ シ ド シ シ ド シ
#ド ラ レ ラ #レ シ
もえる だから きみは いくんだ
なみだ だから きみは とぶんだ
きえる だから きみは いくんだ
シ ミ シ レ ミ レ レ ミ レ レ ソ レ シ
ミ シ #ファ ラ ソ シ
ほほえんで そうだ
どこまでも そうだ
ほほえんで そうだ
ラ ミ #ファ ミ レ シ シ ソ
#ド ラ レ レ ソ シ

うれしいんだ いきるよ ろこび
おそれないで みんなの ために
うれしいんだ いきるよ ろこび
ミ ♯レ ミ ♯ファ ソ ミ　ラ シ ラ ソ　♯ファ ミ レ
ソ ド　ラ ♯ド　レ ラ
たとえ むねのきずが いたんでも
あいと ゆうきだけが ともだちさ
たとえ どんなてきが あいてでも
シ シ ソ　ミ ♯レ ミ ♯ファ ソ ミ　ラ シ ラ ♯ファ　ソ
ソ シ　ソ ド　ラ レ　ソ ソ
ああ アンパンマン やさしい きみは
シ ソ　ミ ♯レ ミ ♯ファ ソ ミ　ラ シ ラ ソ　♯ファ ミ レ
ソ シ　ソ ド　ラ ♯ド　レ ラ
Fine
いけ！ みんなのゆめ まもるため
シ ソ　ミ ♯レ ミ ♯ファ ソ ミ　ラ シ ラ ♯ファ　ソ
ソ シ　ソ ド　ラ レ　ソ ソ
D.S.

振り付け向き

アンパンマンたいそう

作詞：やなせたかし、魚住勉
作曲：馬飼野康二

ポイント 左手伴奏に表れているように、前半は歌詞を生かして元気な中にも丁寧さを。後半はタイトルの「たいそう」らしく４拍子の元気なリズム感を出しましょう。

「アン パー ン
ド レ ソ ソ ソ ド レ ソ
ド ド ド ド ソ ソ ソ ソ
マン」
ファ ド ド レ レ ド ド レ レ ド ド レ レ ミ ミ レ
ソ レ ソ ド ド ド ソ
1.も し じ し ん を な く し て く じ け そ う に
2.だ い じ な も の わ す れ て く べ そ か き そ う に
3.た の し い こ と い っ ぱ い で も さ び し く
ド ド ド レ ミ ファ ソ ファ ミ レ ド ド ド レ ミ ファ
ド ド ラ レ ソ ド ラ
な な 一ったら い い こ と だ け い い こ と だ け
な な 一ったら す き な ひ と と す き な ひ と と
な な 一ったら あ い す る こ と あ い す る こ と
ソ ラ ソ ラ ラ シ ラ シ ラ ソ ソ ラ ソ ラ ソ
ミ ミ ファ ファ ミ ラ

おもいだせ そうさ そらとうみを
てをつなごう そうさ ぼくときみを
すてないで そうさ とりもはなも
ファ ファ ミ レ ド ミ ファ ソ ラ ファ ソ ラ ソ ファ
レ ソ ド ド ファ ド
こえて かぜのように はしれ
つなぐ にじのはしを わたれ
あそぶ みんなきみが すきさ
ソ ファ ミ ファ レ ミ ファ ミ レ ミ ファ ソ
ミ ド レ ソ ド ソ
ゆめとあいを つれて ちきゅうをひ
あめとくもが にげて たいようひ
なみだなんか ふいて おおぞらひと
ラ ファ ソ ラ ソ ファ ソ ファ ミ レ レ ミ #ファ ソ
ファ ド ミ ド レ レ
ーとっとび ー
ーとまわり ー
ーびだそう ー
(1.4.)アンパンマンは
(2.)アンパンマンは
(3.)アンパンマンは
ラ ソ ラ ソ ソ ラ ソ ラ
ソ ソ シ レ ソ ド ド ド ド

き み さ ー げ ん き を だ し て ー
き み さ ー ゆ う き を だ し て ー
き み さ ー い つ で も き み さ ー
ソ ラ ソ ラ ミ レ ド レ ミ レ
ミ ミ ミ ミ ファ ファ ファ ファ ソ ソ ソ ソ
アン パン マン は き み さ ー ち か ら の
アン パン マン は き み さ ー し ん じ る
アン パン マン は き み さ ー か わ い い
ソ ラ ソ ラ ソ ラ ソ ラ ミ レ ド
ド ド ド ド ミ ミ ミ ミ ファ ファ ファ ファ
か ぎ り ー ほ ら キ ラ め く よ ー
こ と さ ー ほ ら ら か が や く よ ー
き み さ ー ほ ら と き め く よ ー
レ ラ ソ ラ ラ ラ ラ シ ド ソ
ソ ソ ソ ソ ファ ファ ファ ファ ド ド ド ド
to Φ
き みはやさしい ヒー ロー さ ー ー
き みはやさしい ヒー ロー さ ー ー
き みはやさしい ヒー ロー さ ー ー
ファ ミ レ ファ ミ レ ソ ソ ラ シ ド
レ レ ♭ラ ♭ラ ソ ソ ド ド ド ド ド ド

1.2.
3.
ド ド レ レ ド ド レ レ ド ド レ レ ミ ミ レ ド レ ソ ソ ソ ド レ
ド ド ド ソ ド ド ド ド
「アン パー ン マン」
ソ ファ ド ド レ レ ド ド レ レ
ソ ソ ソ ソ ソ レ ソ ド ド
Coda
ド ド レ レ ミ ミ レ ド レ ソ ソ ソ ド レ
ド ソ ド ド ド ド
D.S.
「アン パー ン マン」
ソ ファ ソ ソ ソ ソ ソ ソ ソ ド
ソ ソ ソ ソ ソ レ ソ ソ ソ ソ ソ ド

あそび向き

宇宙戦艦ヤマト

作詞：阿久 悠
作曲：宮川 泰

ポイント

全体的に壮大に強く弾きます。前奏、中間部の十六分音符は指が転ばないようにしっかり弾きましょう。

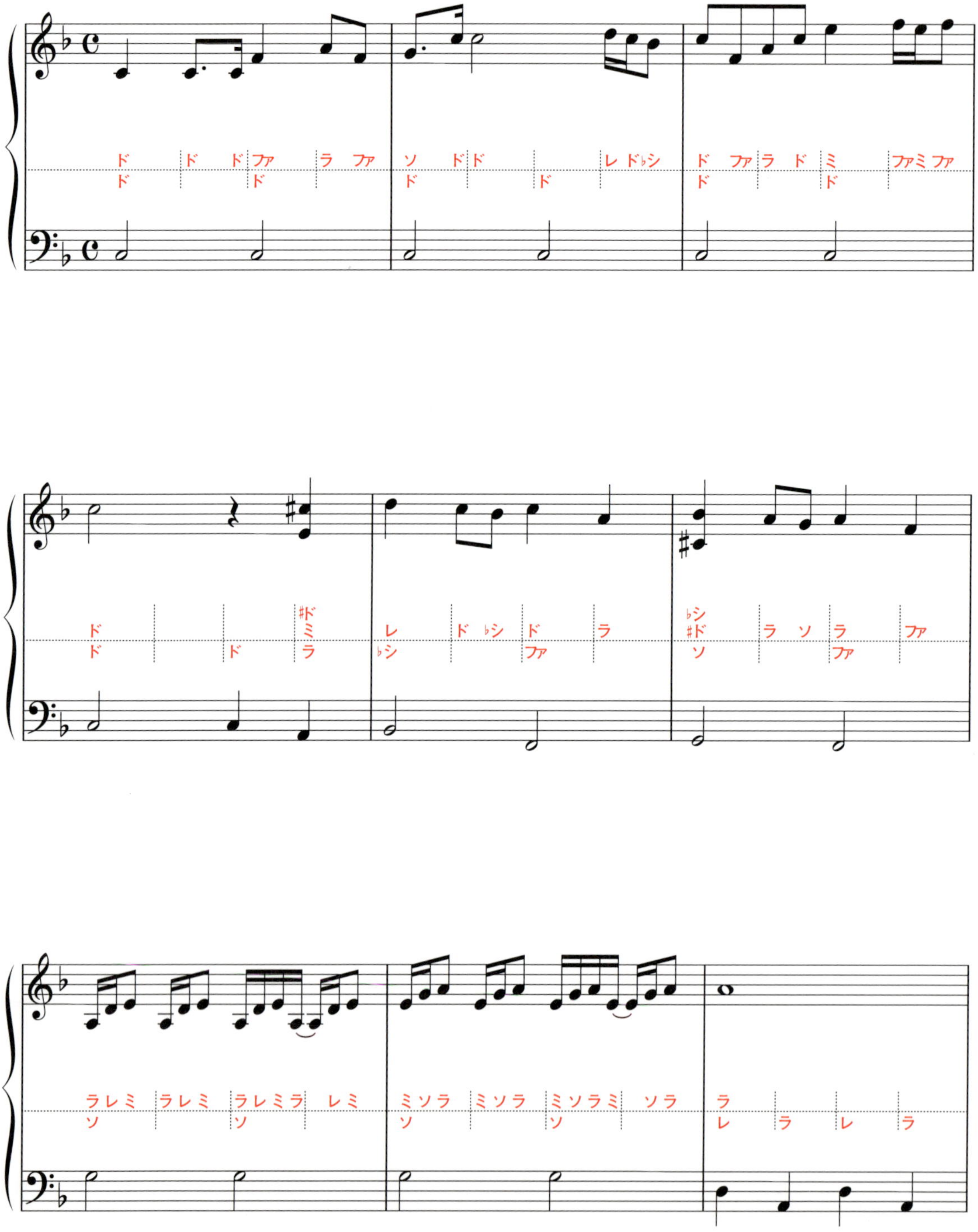

この曲は「発表会用の合奏譜」がP.217〜にあります。

いまとびたー つ かな らーずここ
もえるロマー ン だれ かーがこれ
ドド レド ソ ♭シ ラ ラ ラ レ レ ミ ド
ド ド ド ド ファ ファ ファ レ レ レ レ
へ かえ っ ーてくる と てを
を やら ね ーばなら ぬ きた
レ ラ ラ レ ファ ミ ド レ ♭シ ラ
レ レ レ ♭シ ♭シ ♭シ ♭シ ♭シ ♭シ ♭シ
ふるー ーひとー に えが おでこたー
いのー ーひとー が おれ たちならー
ソ ソ ソ ♭シ レ ラ ♭シ ラ ソ ソ ソ ♭シ レ
♭ミ ♭ミ ♭ミ ♭ミ レ レ レ ミ ミ ミ ミ
え
ば
ぎんがをはなれ
ミ ミソラ ミソララ レ レ レ レ レ ファ ラ
ラ ♯ド レ ミ ラ ラ ♯ド ミ レ レ レ レ

イ スカンダルへ
はるばる
のぞーむ
ソ ラ ソ ファ ミ ミ ド　レ ミ ファ レ　ソ ソ ♭シ ラ ラ♭シドレ
ド ド ド ド　♭シ ♭シ ♭シ ♭シ　ソ ソ ラ ラ
うちゅう せんかん
ヤ マ
トーー
ミ ミ ファ ミ ド　ファ ミ　レ ラ ♯ソ レ レ レ
ラ ♯ド ミ ソ　♭シ ファ ド ソ　レ ♯ファ ラ ド
1.
2. さら
レ ラ ♯ソ　レ ラ ♯ソ レ レ レ　レ ラ ♯ソ ラ ラ
レ ♯ファ ラ ド　レ レ レ レ　レ レ レ レ
2.
ラ ♭シ シ ド　ラ ♭シ シ ド ♭ミ ド ♭ミ　レ レ レ レ
レ ファ ファ ファ ファ
レ ファ ♭ミ ♭シ　レ ファ ♭ミ ♭シ　レ ラ ラ ラ ラ
レ レ レ レ

振り付け向き

アラララの呪文

作詞：さくらももこ
作曲：岡本真夜

ポイント
前奏の半音の動きはユーモラスに。転調するたび強く盛り上がって弾くと、曲の持ち味が生かされるでしょう。

パ
ヤ パ パ パ パ ヤ ヤ パ
パ ヤ パ ヤ アララ
カ タ ブ ラ ツ ル リ ン
シ #ラ ラ #ソ
シ シ
1.
2.
コ パ
コ ちょ
#ラ #ラ
シ シ
レ
い と へ ん て こ だ よ
し ぎ な こ と ば か り
ソ ソ ソ ソ ソ ソ ソ ソ
ソ ソ
じゅ も ん さ キ ミ に
あ る の さ ネ ス こ
ミ ミ ミ ソ ソ ソ ソ
ド ド
お し え て あ げ る
ツ チ ノ コ ナ ゾ の バ
#ファ ミ #ファ ミ #ファ ソ ラ (ソ)
レ レ
よ は
カ(はかだろっ！) だ
ソ レ
ソ ソ
や く ち こ と ば で は
か ら へ ん て こ で も
ソ ソ ソ ソ ソ ソ ソ ソ
ソ ソ
な い の さ ア ラ ラ
い い の さ ア ラ ラ
ミ ミ ミ(ソ)ソ ソ ソ ソ
ド ド
カ タ ブ ラ ツ ル リ ン
カ タ ブ ラ ツ ル リ ン
#ファ ミ #ファ ミ #ファ ソ ラ ソ
レ レ

ココ ふとし た はず ー みでーケンカ
ココ まよっ て なや ー んでーなみだ
ソ ソ シ ラ ソ シ ラ シ ラ ミ ♯ファ ソ
ソ ミ ミ ド ド
ーしちゃったけれど ー ごめん ね いえ
ーあふれだしても ー あした は おひ
ソ ソ ソ ♯ファ ミ レ レ ソ シ ラ ソ シ ラ
レ レ ソ ♯ファ ミ ミ
1.
2.
ーずにーひとり ーはしるかえりみ ち ふ
ーさまーもっと ーかがやいている よ
シ ラ ミ ♯ファ ソ ソ ソ ソ ♯ファ ミ ♯ファ レ ソ レ ソ
ド ド レ レ ソ ソ ソ シ
なにかでつま ずいたり たちなおれな
ミ ♯ファ ソ ラ シ ド レ シ ラ ソ ミ ♯ファ ソ ラ シ ド
ド レ シ ミ ド レ

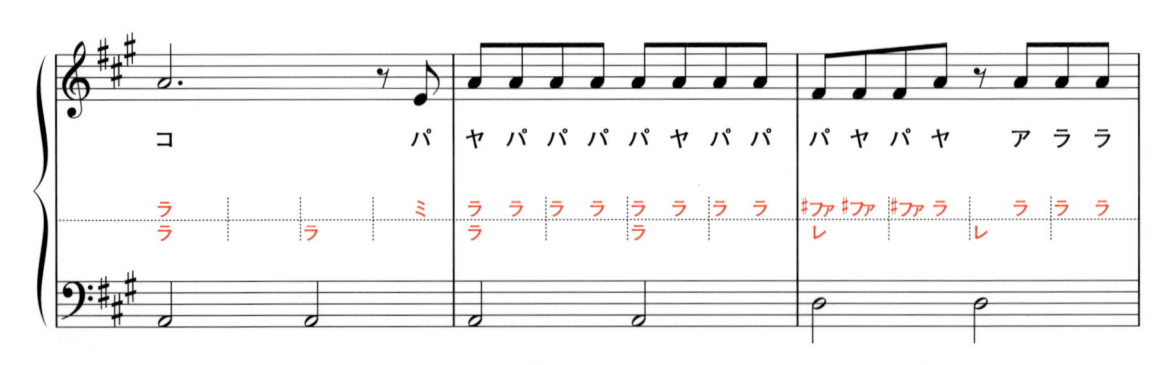

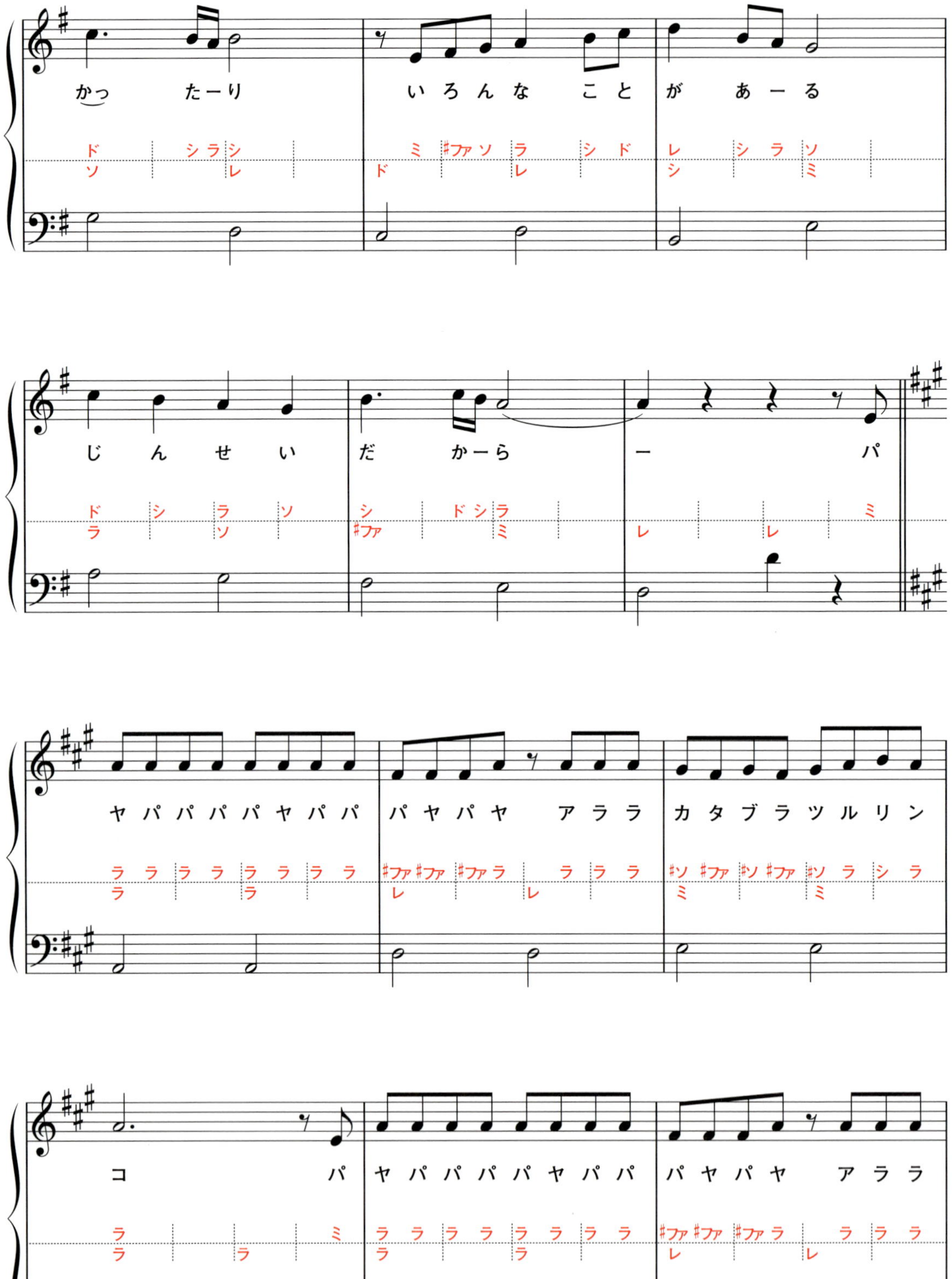
かっ たーり いろんな こと が あーる
ド シラシ ミ ♯ファ ソ ラ シ ド レ シ ラ ソ
ソ レ ド レ シ ミ
じ ん せ い だ かーら ー パ
ド シ ラ ソ シ ドシラ ミ
ラ ソ ♯ファ ミ レ レ
ヤ パ パ パ パ ヤ パ パ パ ヤ パ ヤ ア ラ ラ カ タ ブ ラ ツ ル リ ン
ラ ラ ラ ラ ラ ラ ラ ラ ♯ファ ♯ファ ♯ファ ラ ラ ラ ラ ♯ソ ♯ファ ♯ソ ♯ファ ♯ソ ラ シ ラ
ラ ラ レ レ ミ ミ
コ パ ヤ パ パ パ パ ヤ パ パ パ ヤ パ ヤ ア ラ ラ
ラ ミ ラ ラ ラ ラ ラ ラ ラ ラ ♯ファ ♯ファ ♯ファ ラ ラ ラ ラ
ラ ラ ラ ラ レ レ

カタブラブラリン　コ　たとえ　ば　だれ
(じゅもん、まちがってんじゃん！)
♯ソ ♯ファ ♯ソ ♯ファ ♯ソ ラ シ ラ　ラ ラ ♯ド シ　ラ ♯ド シ
ミ ミ　ラ　♯ファ ♯ファ
ー　かにーきもち　ーとどかなくても　ー　はる　か
♯ド シ ♯ファ ♯ソ ラ　ラ ラ ラ ♯ソ ♯ファ ミ ミ　ラ ♯ド シ
レ レ　ミ ミ　ラ ♯ソ
な　メロ　ー　ディーーずっと　ーながれつづけて　る
ラ ♯ド シ　♯ド シ ♯ファ ♯ソ ラ　ラ ラ ラ ♯ソ ♯ファ ♯ソ ミ　ラ
♯ファ ♯ファ　レ レ　ミ ミ　ラ ♯ド
ときには　まち　が　えたり　しかられ　てし　まっ　たーり
♯ファ ♯ソ ラ シ ♯ド レ　ミ ♯ド シ ラ　♯ファ ♯ソ ラ シ ♯ド レ　レ ♯ド シ ♯ド
レ ミ　♯ド ♯ファ　レ ミ　ラ ミ

いろんな ことが あーる じんせい だけーど
♯ファ ソ ラ シ ♯ド レ ミ ♯ド シ ラ レ ♯ド シ ラ ♯ド レ ♯ド シ
レ ミ ♯ド ♯ファ シ ラ ♯ソ ♯ファ
ー ー そ れはそれなりでも いいのさ ケセラ
♯ファ シ シ シ シ シ シ シ シ ♯ソ ♯ソ ♯ソ シ シ シ シ
ミ ミ ミ ミ シ シ ミ ミ
セラセラセラリン コ ゆ うきがわいてくる
(セラリンコってなんだよ！)
♯ラ ♯ソ ♯ラ ♯ソ ♯ラ シ ♯ド シ シ ♯ファ シ シ シ シ シ シ シ シ
♯ファ ♯ファ シ シ シ シ
じゅもんさ アララ カタブラツルリン コ ひとり
(そうだよソレソレ)
♯ソ ♯ソ ♯ソ シ シ シ シ ♯ラ ♯ソ ♯ラ ♯ソ ♯ラ シ ♯ド シ シ シ ♯レ ♯ド
ミ ミ ♯ファ ♯ファ シ

で ない ー てる ー ときも ー おもいだしてね
シ ♯レ ♯ド ♯レ ♯ド ♯ソ ♯ラ シ シ シ シ ♯ラ ♯ソ ♯ファ ♯ファ
♯ソ ♯ソ ミ ミ ♯ファ ♯ファ
ー あなた の えが ー おが ー きっと
シ ♯レ ♯ド シ ♯レ ♯ド ♯レ ♯ド ♯ソ ♯ラ シ
シ ♯ラ ♯ソ ♯ソ ミ ミ
ーすぐにかけてくる な んとなくおかしいね ね
シ シ シ ♯ラ ♯ソ ♯ラ ♯ファ シ ♯ファ ♯ファ シ シ シ ♯ラ ♯ソ ♯ラ ♯ファ シ ♯ファ
♯ファ ♯ファ シ シ ミ ♯ファ シ ♯ファ
がいごと かなうか な ー（ジャンジャジャン）
シ シ シ シ ♯ラ ♯ソ ♯ラ ♯ファ シ シ シ
ミ ミ ♯ファ ♯ファ シ ♯ファ シ シ

振り付け向き

オラはにんきもの

作詞：里乃塚玲央
作曲：小杉保夫

ポイント
同じ言葉が繰り返される時に、特に幼児は歌いにくいところがありますが、この曲はテンポ良く弾いた方がこどもたちも曲に乗れて楽しくなります。早めに弾き、テンポ感を出しましょう。

レ ♭レ ド シ ♭シ ラ ♭ラ ソ ♯ファ レ ♯ファ ♯ラ レ
レ レ レ レ レ
パ ニ ッ ク パ ニ ッ ク
パ ニ ッ ク パ ニ ッ ク
ソ ソ ミ ミ レ レ ミ レ
ソ レ シ レ
パ ニ ッ ク み ん な が あ わ て て る ー
パ ニ ッ ク み ん な が は く しゅ す る ー
ソ ソ ミ ミ レ レ ミ レ ソ ♯ファ ミ レ シ
ソ レ シ レ ミ シ ソ シ ミ シ ソ シ
オー ラ は す ご い ぞ てん さい て き だ ぞ オ オ オ オ
オー ラ は え ら い ぞ かん どう て き だ ぞ オ オ オ オ
ラ ソ ソ ミ ミ ソ ソ ラ ソ ミ ミ ソ ソ レ レ ミ レ
ラ ミ ド ミ ラ ミ ド ミ レ ラ ♯ファ ラ
ー パ ワ フ ル パ ワ フ ル パ ワ フ ル ぜ ん か い
ー パ ワ フ ル パ ワ フ ル パ ワ フ ル ぜ ん か い
ソ ソ ミ ミ レ レ ミ レ ソ ソ ミ ミ レ レ ミ レ
レ ド シ ラ ソ レ シ レ ソ レ シ レ

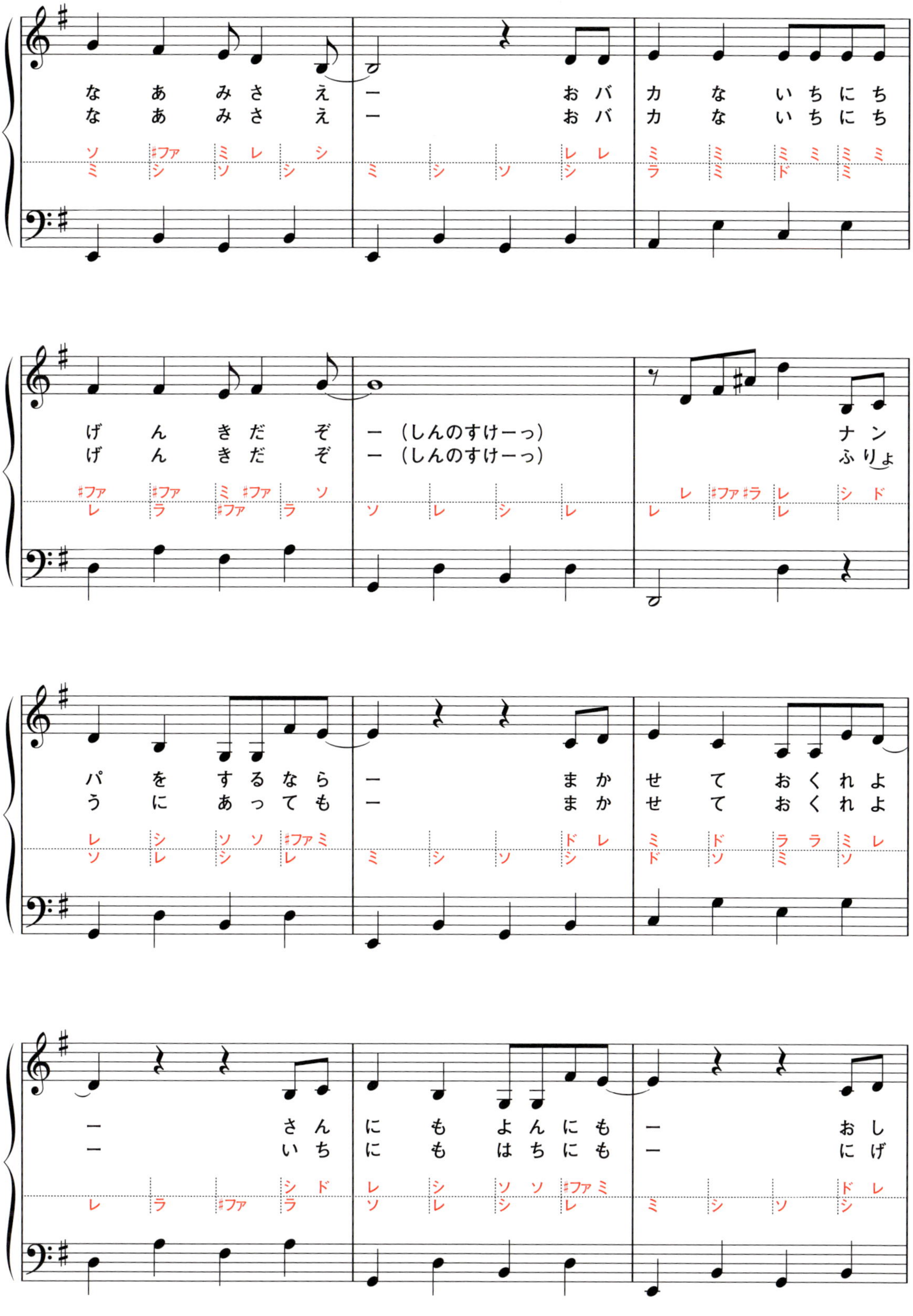

なあみさえーおバカないちにち
なあみさえーおバカないちにち
ソ #ファ ミ レ シ レ レ ミ ミ ミ ミ ミ ミ
ミ シ ソ シ ミ シ ソ シ ラ ミ ド ミ
げんきだぞー（しんのすけーっ）ナン
げんきだぞー（しんのすけーっ）ふりょ
#ファ #ファ ミ #ファ ソ レ #ファ #ラ レ シ ド
レ ラ #ファ ラ ソ レ シ レ レ レ
パをするならーまかせておくれよ
うにあってもーまかせておくれよ
レ シ ソ ソ #ファ ミ ド レ ミ ド ラ ラ ミ レ
ソ レ シ レ ミ シ ソ シ ド ソ ミ ソ
ーさんにもよんにもーおし
ーいちにもはちにもーにげ
シ ド レ シ ソ ソ #ファ ミ ド レ
レ ラ #ファ ラ ソ レ シ レ ミ シ ソ シ

が カ ン ジ ン ー カー モン ベイ ビー
が タ イ セ ツ ー カー モン ベイ ビー
カー モン ベイ ビー
ミ ド ラ ミ レ ミ ソ ラ ソ
ド ソ ミ ソ レ ラ ♯ファ ラ ド ソ ミ ソ
カ モン ベイ ー ビー た ま ね ぎ た べ れ る ー
カ モン ベイ ー ビー ぎゅ う にゅ う の ま な い ー
カ モン ベイ ー ビー た ま ね ぎ た べ れ る ー
ミ ソ ラ ソ レ レ レ レ レ レ ミ レ
ド ソ ミ ソ ソ レ シ レ ソ レ シ レ
そ ん な めー し て み つ め ちゃ て れ る よ ゾー さん
すー き に なっ て も け っ こ ん し な い ぞ ゾー さん
そ ん な めー し て み つ め ちゃ て れ る よ ゾー さん
ミ ソ ソ ラ ソ ソ ミ ミ ソ ソ ラ ラ ソ ソ ラ ラ
♯ド ソ ミ ソ ♯ド ソ ミ ソ レ レ レ
ゾー さん オ ラ は に ん き も の ー (しんのすけーっ)
ゾー さん オ ラ は に ん き も の ー (しんのすけーっ)
ゾー さん オ ラ は に ん き も の ー (しんのすけーっ)
ラ ラ ソ ♯ファ ミ レ ミ ♯ファ ソ ラ
レ レ レ レ ラ ♯ファ ラ レ ミ ♯ミ ♯ファ

パニックパニック パニックみんなが あわててる ー
パニックパニック パニックみんなが はくしゅする ー
パニックパニック パニックみんなが あわててる ー
ソソミミレレミレ ソソミミレレミレ ソ #ファ ミレ シ
ソレシレ ソレシレ ミシソシ ミシソシ
オーラはすごいぞ てんさいてきだぞ しょうらい
オーラはえらいぞ かんどうてきだぞ よいこも
オーラはすごいぞ てんさいてきだぞ しょうらい
ラソソミミソソ ラソミミソソ レレレ
ラミドミ ラミドミ レレ
to Coda
1.
たのしみだ ー
たいへんだ
たのしみだ
レミ #ファラ ソ レ #ファ #ラ レ
レラ #ファラ ソレシレ レレ
2.
ー
ソレシレ ソソラシ
D.S.
Coda
ー
ソ #ファ ソ
ソレシレ ソソ

あそび向き

にんげんっていいな

作詞：山口あかり
作曲：小林亜星

ポイント
左手のリズムを生かして、４拍子より２拍子の感じでまとめると良いです。伴奏する時に２拍子感を出すよう、体を左右に揺らして曲に乗りましょう。

くまのこみていた かくれんぼ おしりをだしたこ
もぐらがみていた うんどうかい びりっこげんきだ
シ シ シ シ シ シ ラ ソ ミ ソ ソ ラ ソ シ シ シ シ シ シ ラ ソ
ソ レ レ ソ レ レ ド ソ ソ ド ソ ソ ミ シ シ ミ シ シ
いっとうしょう
いっとうしょう
ゆうやけこやけで またあした
ラ シ ラ ソ ソ ソ ラ シ シ ラ ソ ド ド ド ド ド
#ド ミ ミ レ #ファ#ファ ソ レ レ ソ レ レ ド ソ ソ ♭ミ ソ ソ
またあした ー いいな
シ ソ ラ ラ ソ #レ ソ #ファ ミ
ソ レ レ レ #ファ#ファ ソ レ レ ソ #ファ ミ シ シ ミ シ シ
いいな にんげんって いいな
#ファ レ シ ミ ミ ソ #ファ レ ミ
シ #ファ#ファ シ #ファ#ファ ド ソ ソ ド ソ ソ シ #ファ#ファ ミ シ シ

おいしいおやつに ほかほかごはん
(𝄋)みんなでなかよく ポチャポチャおふろ
ミ ソ ソ ソ ソ ソ ミ ミ レ レ シ レ ミ レ
ド ソ ソ ド ソ ソ ソ (レ) レ ソ レ レ
こどものかえりを まってるだろな
あったかいふとんで ねむるんだろな
ミ ミ (ミ) ミ #ファ ソ ソ #ファ ミ #ファ (#ファ) #ファ ミ #ファ ソ ラ
#ド ラ ラ #ド ラ ラ レ ラ ラ レ ラ ラ
to 𝄌
ぼくもかえろ おうちへかえろ でんでんでんぐりがえって
シ シ シ ラ シ ラ ソ ソ ソ ラ ソ #ファ ミ レ シ ラ ラ ソ ミ
ソ レ レ ソ レ レ ド ソ ソ ド ソ ソ レ ソ ソ #ド ラ ラ
1.
2.
バイ バイ バイ
バイ バイ バイ
レ ミ ソ #ラ レ ミ ソ #レ
レ レ ソ レ レ レ ソ #ファ
D.S.
𝄌 Coda
バイ バイ バイ
ソ
レ ミ ソ シ
レ レ ソ ソ

あそび向き

おにぎり ぽん!

作詞：小峰公子
作曲：大森俊之

ポイント 休符がこの曲の楽しさを出しています。“休む”意味の休符ではなく、「どんなに楽しいかな？」という期待感を表すものになっています。前へ前へ行く休符と捉えましょう。

ー ぎ に ぎ
お に ぎ り ぽん！
お に ぎ り ぽん！
ラ ラ ソ
ラ ソ
レ ファ ミ レ ソ
レ ソ
レ ファ ミ レ ド
レ ド
ド ド ファ ソ
ド ファ
ソ ソ レ ソ
ソ
♭ラ ♭ラ ♭シ ♭シ ソ
♭ラ ♭シ
1.2. きょう は
どこで
だれと
たべよかな？
ソ ソ ソ
ソ ソ ソ
ド ド ド ド ド ド
ド ミ
ド ド ド ミ ソ
ド ド
に ぎ に ぎ お
に ぎ り
こうえんは？
うーたんと！
ファ ソ ファ ソ ミ
レ ラ
ミ ミ レ
ソ ソ
ド ド ド ド ド
ド ミ

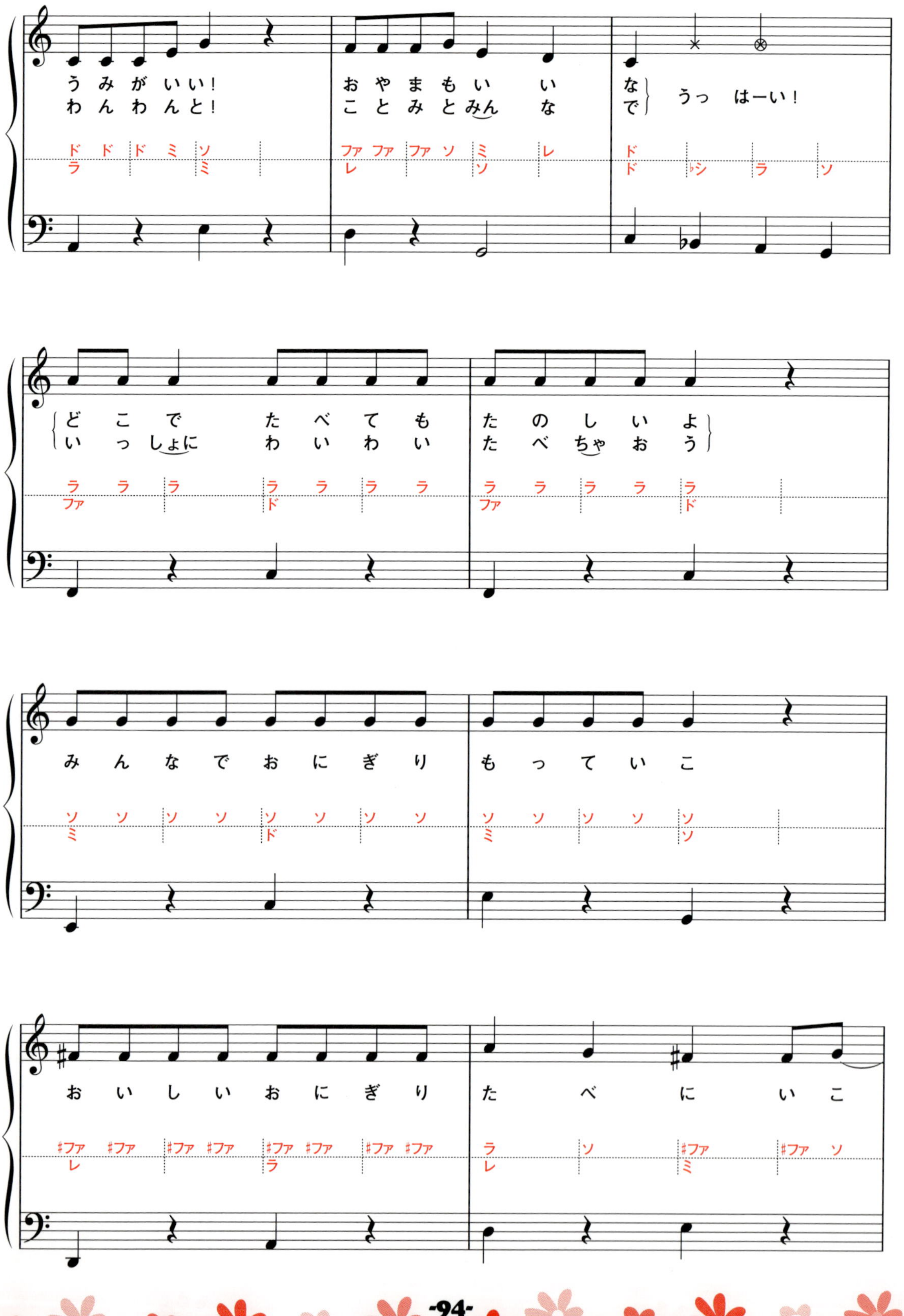

うみがいい！
わんわんと！
おやまもいい
ことみとみんな
な
で
うっ はーい！
ド ド ド ミ ソ
ラ ミ
ファ ファ ファ ソ ミ レ
レ ソ
ド
ド ♭シ ラ ソ
どこで たべても
いっしょに わいわい
たのしいよ
たべちゃおう
ラ ラ ラ ラ ラ ラ ラ
ファ ド
ラ ラ ラ ラ ラ
ファ ド
みんなでおにぎり
もっていこ
ソ ソ ソ ソ ソ ソ ソ ソ
ミ ド
ソ ソ ソ ソ ソ
ミ ソ
おいしいおにぎり
たべにいこ
♯ファ ♯ファ ♯ファ ♯ファ ♯ファ ♯ファ ♯ファ ♯ファ
レ ラ
ラ ソ ♯ファ ♯ファ ソ
レ ミ

う （に ぎ に ぎ お に ぎ り） お に ぎ り に
ソ ソ ♯ファ ソ ラ ラ ラ ソ ド ミ レ ド ラ
ソ ♯ファ ラ ソ ド レ
ー ぎ に ぎ お に ぎ り に ー ぎ に ぎ
ラ ラ ソ レ ファ ミ レ ソ ソ ソ ソ
ラ ソ レ ミ ソ ソ
お に ぎ り に ー ぎ に ぎ お に ぎ り ぽん！
ド ミ レ ド ラ ラ ラ ソ レ ファ ミ レ ソ
ド レ ラ ソ レ ソ
お に ぎ り ぽん！ お に ぎ り ぽん！ ぽん！ ぽん！
レ ファ ミ レ ド レ ファ ミ レ
レ ド レ ファ ミ レ ラ シ ド

あそび向き

ウルトラマンの歌

作詞：東 京一
作曲：宮内国郎

ポイント まず前奏でワクワク感を出します。左手のリズムが特徴的で、ヒーローが突き進むテンポ感を出しています。再び間奏でワクワク感が増します。また、右手の不協和音を強調するとドキドキ感も感じられて迫力が出ます。

L.H.
1.む ね ー に つ け て る マ ー ク は りゅ う
2.て に し た カ プ セ ル ピ カ リ と ひ か
3.て に し た ガ ン ー が ビュ ビュ ン と う な

せい じ ま ん の ジェ ッ ト で
り ひゃ く ま ん ワ ッ ト の
る か い じゅ う た い じ の
て き を ー う つ
か が や ー き だ
せ ん も ー ん か
ひ か り の く に か ら
ひ か り の く に か ら
ひ か り の く に か ら
ぼ く ら の た め に き た ぞ わ れ ら の ウ
せ い ぎ の た め に き た ぞ わ れ ら の ウ
ち きゅ う の た め に き た ぞ わ れ ら の ウ
ル ト ラ マン
ル ト ラ マン
ル ト ラ
1.2.

アニメ・テレビ曲

R.H.
L.H.
ド ミ ラ ソ シ レ
ソ ♯ファ ♯ファ ソ ♯ファ ♯ファ ソ ♯ファ ♯ファ ソ ♯ファ ♯ファ
シ ♯ラ ♯ラ シ ♯ラ ♯ラ シ ♯ラ ♯ラ シ ♯ラ ♯ラ
ソ ♯ファ ♯ファ ソ ♯ファ ♯ファ ソ ♯ファ ♯ファ ソ ♯ファ ♯ファ
ソ
レ
シ
ソ
(ソ ラ シ ド レ)
ド ド ド ド
♭シ ♭シ ♭シ ♭シ
ド ド ソ ソ ♭シ ♭シ ソ ソ
ド ド ド ド
♭シ ♭シ ♭シ ♭シ
ド ド ソ ソ ♭シ ♭シ ソ ソ
3.
マン
ド
ド ド ソ ソ ♭シ ♭シ ソ ソ
ド ミ ラ ソ ド ド ド
ド ミ ラ ソ
♭ソ
♭ミ
ド
♭ラ
♭ラ ♭ミ ♭ソ ♭ラ
ソ ド
ド ド

うた向き

きみのこえ

作詞：相田 毅
作曲：上野義雄

ポイント

9小節目の♭は歌詞の「ふしぎだね」に呼応しています。テヌート気味に音を充分に保って弾きましょう。最後の歌詞の「ハーモニー」の前は「ずーっと」の余韻を受けています。そういった何気ないことも大切に。

すてきだね
よろしくね
きみのこえ
きみのこえ
ぼくときみのこえ
ぼくときみのこえ
ラ シ ド シ レ
ファ
ソ ラ シ ソ ド
ミ
ファ ファ ソ ソ ラ ラ シ ド
レ
あ わそう
あ わそう
たかいこえ で
たかいこえ で
ラララララ
ルルルルル
シ ド レ
ソ
ド ド ド ド ソ シ
ド シ
ド ド ド レ ド
ラ ソ
ひくいこえ で
ひくいこえ で
ラララララ
ルルルルル
きみのこえ で
きみのこえ で
ラ ラ ラ ソ ソ ミ
ファ ミ
レ ド レ ド レ
レ ソ
ド ド ド ド ソ シ
ド シ
to
ラララララ
ルルルルル
そらにとどくよ
うみにひろがる
ハー モニー
ハー モニー
ド ド ド レ ド
ラ ソ
ファ ソ ラ ファ ソ ソ ド
ファ ミ
レ シ ド
ソ ド

ラ ソ シ ソ ファ ソ ラ ソ ソ ソ
ファ ミ レ ミ ファ ソ
D.S.
Coda
ぼくからハー モ ニー きみからハー モ ニー
ラ ラ ラ ド シ ラ ソ ミ ファ ファ ファ ラ ソ ファ ミ ソ
ファ ソ ミ ラ ファ ソ ド ド
3
きみとぼく の ハー モ ニー ずーっと ハ ー モ
ラ ラ ラ ド シ ラ シ レ ド ファ ファ ソ ラ シ ド レ ソ レ ド シ
ファ ソ ♯ソ ラ レ ソ
ラ
ニー
ラ シ ド ソ シ ド ファ ド
ド レ ラ レ ソ ソ ソ ミ
ド レ ソ ソ ド

うた向き

ありがとう さようなら

作詞：井出隆夫
作曲：福田和禾子

ポイント

卒園時などで歌うと、よりしっとりさが出る曲ですね。6拍子は2拍子にまとまりますから、重くならないで流れるように弾きましょう。

1. あ
り が とう さ よう な ら と も だ
り が とう さ よう な ら きょう し
り が とう さ よう な ら せ ん せ
♭シ ソ ファ ♭ミ レ ファ ♭ミ ド レ ♭ミ ファ
♭ミ ♭シ ♭ラ ♭ミ ♭シ ♭ラ
ち ー ひ と つ ず つ の え が お
つ ー は し る よ う に す ぎ た
い ー し か ら れ た こ と さ え
♭シ ソ ソ ソ ソ ファ ♭ミ ファ ♭ミ ド
♭ミ ソ ♭ミ ♭レ ♭ラ ♭ミ
は ず む ー こ え ー な つ の ひ ざ し
た の し ー い ひ ー お も い で ー の
あ た た ー か い ー あ た ら し ー い
レ レ レ ♭ミ ファ ♭ミ ド ド ド ♭ラ ♭シ ド
♭シ ♭ラ ♭ミ ♭シ ♭ラ ♭ミ

に ー も　ふ ゆ の そ ら の の　し た で も
き ず が　の こ る あ ー の の　つ く え に
か ぜ に　ゆ め の つ ば さ　ひ ろ げ て
♭シ ソ ♭シ　♭ラ ♭ラ ♭ラ ♭ラ ソ ファ　ソ ソ ♭ミ ♭シ
♭ミ ソ　ファ ド　♭ミ ソ
み ん な ま ー ぶ　し ー く か　が や い ー て
だ れ が こ ー ん　ど ー は す　わ る ん ー だ
ひ と り ひ ー と　り ー が と　び た つ ー と
ド ド ド ♭ミ レ ド　♭シ ソ ♭シ ♭シ　ラ ラ ラ ソ ファ
♭ラ ♭ラ　♭ミ ソ　ファ ド
た　ー ー あ　り が と う さ
ろ う　ー ー あ　り が と う さ
き　ー ー あ　り が と う さ
♭シ　♭シ　ソ ファ ♭ミ レ
♭シ ♭ラ　ソ ファ　♭ミ ♭シ
1.2.
よ う な ら　と も だ　ち
よ う な ら　きょ う し　つ
よ う な ら　せ ん せ
ファ ♭ミ ド　レ ♭ミ ファ　♭ミ
♭ラ ♭ミ　♭シ ♭ラ　♭ミ ソ

3.
ー ー 2.あ い ー あ り が とう さ
ー ー 3.あ
♭シ ♭ミ ♭シ ソ ファ ♭ミ レ
♭シ ♭シ ♭ミ ソ ♭ミ ♭シ
よう なら みんなみ ん な ー あ
ファ ミ ド レ レ レ ♭ミ ファ ♭シ ♭シ
♭ラ ♭ミ ♭シ ♭ラ ♭ミ ソ
rit.
り が とう さ よう な ら みーん
ソ ファ ♭ミ レ ファ ♭ミ ド レ ♭ミ ファ
♭ミ ♭シ ♭ラ ♭ミ ♭シ ♭ラ
a tempo
な ー ー
♭ミ ソ
♭ミ ソ シ ♯レ ♭ミ ♭シ ♭ミ

うた向き

一年生になったら

作詞：まどみちお
作曲：山本直純

ポイント 4拍子でも行進するような速さで、テンポ良く弾きましょう。

1.～3.いちねんせいになったら いちねんせいに
なったら ともだちひゃくにんできるかな
ひゃーくにんーで たべたいな ふじさんのうえで
ひゃーくにんーで かけたいな にっぽんじゅうを
ひゃーくにんーで わらいたい せかーいじゅうを
おにぎりを ぱっくんぱっくんぱっくんと
ひとまわり どっしんどっしんどっしんと
ふるわせて わっははわっははわっはは

卒園・入園ソング

うた向き

おもいでのアルバム

作詞：増子とし
作曲：本多鉄麿

ポイント

左手の伴奏は1、3拍目に少しアクセントを付けるようにすると、メロディが生きてきます。

6/8
1. い つ の こ と だ か
2. は る の こ と で す
3. な つ の こ と で す
4. あ き の こ と で す
5. ふ ゆ の こ と で す
6. ふ ゆ の こ と で う
7. い ち ね ん じゅ う を
ミ レ ド ミ ソ ミ ソ
ド ミ ソ ド ミ ソ ド ミ ソ ド ミ ソ
お も い だ し て ご ら ん あ ん な こ と
ド ド ド ド シ ラ ソ ラ ソ ファファファ ミ レ
ド ファ ラ ド ファ ラ ド ミ ソ ド ミ ソ シ レ ソ シ レ ソ
こ ん な こ と あ っ た で しょう ー
ラ ラ ラ ソ ミ ソ ソ ミ レ ド
ド ミ ソ ド ミ ソ シ レ ソ シ レ ソ ド ミ ソ ド ミ ソ

うれしかったこと おもしろかったこと いつになっても わーすれない ー
ぽかぽかおにわで なかよくあそんだ きれいなはなも さーいていた ー
むぎわらぼうしで みんなはだかんぼ おふねもみたよ すーなやまも ー
どんぐりやまの ハイキングラララ あかいはっぱも とーんでいた ー
もみのきかざって メリークリスマス サンタのおじいさん わーらってた ー
さむいゆきのひ あったかいへやで たのしいはなし きーきました ー
もものおはなも きれいにさいて もうすぐみんなは いーちねんせい ー
レ レ レ レ ファ ミ （ミ） ソ ファ ファ ファ ファ ラ ソ （ソ） ド
シ レ ソ シ レ ソ ド ミ ソ ド ミ ソ シ レ ソ シ レ ソ ド ミ ソ ド ミ ソ
レ ド シ レ ド ラ ソ レ ミ ファ ミ レ ド
ド ファ ラ ド ファ ラ ド ファ ラ ド ミ ソ シ レ ソ シ レ ソ ド ミ ソ ド

うた向き

きみとぼくのラララ

作詞：新沢としひこ
作曲：中川ひろたか

ポイント
別れの悲しさより期待感を伝える歌詞です。十六分音符にその明るさを表現しています。明るいメッセージソングに仕上げましょう。

1.さ よ な ら な ん て ー い わ ー な く て も
2.こ こ ろ が ちょっ と ー い た ー ー い の は
シ レ ソ ラ シ ラ ソ ♯ファ ミ ソ ソ ミ ミ レ
ソ レ ソ シ
い い よ ね ー ま た あ え る ね ー
え が お が ー ま ぶ し い か ら だ ね ー
シ ラ ソ ソ レ シ ラ シ ソ ラ
ソ ミ レ ♯ファ
げ ん き で ー な ん て い わ な く て も
さ み し い ー な ん て い わ な い の が
シ ラ ソ ソ シ ラ ソ ラ シ シ シ ラ ソ
ソ レ ♯レ ミ

げんきでー また あえる ね
いいよねー きっと あえる ね
ぼ くのーみる
ぼ くのあるく
ぼ くのーみる
ラ ソラ レ シ ラシラ ソ ラ ソ ラ ソ ラ ソ
ド レ ソ シ レ ソ ド ミ ソ ド
そらとー きみのーみる そらはー
みちとー きみのあるく みちはー
ゆめとー きみのーみる ゆめはー
ミレレ ラ ソ ラ ソ ラ ソ ミレレ
シ レ ソ シ ド ミ ソ ド シ レ ソ シ
つながってい るから ーおんな じ そらだ か
つながってい るから ーおんな じ みちだ か
つながってい るから ーおんな じ ゆめだ か
ラ ソ ラ ソ ラ ソ シ レ レ レ レ レ ド シ ラ ソ シ
ド ミ ソ ド シ レ ミ シ ラ ド ミ ソ
ら ラララ さよならの か わ りに
らら ラララ かなしみの か わ りに
ら ラララ さよならの か わ りに
ラ レ ソ ラ シ シ シ シ シ ラ ソ ミ レ
レ ♯ファ ラ ド ソ シ レ ソ ド ミ ソ シ

卒園・入園ソング

なみだのー かわりに
てをふるー かわりに
なみだのー かわりに
ラ ラ ラ
ソ #ファ ミ ミ ミ #ファ ソ ラ レ ソ ラ
ミ ソ ラ #ド レ #ファ ラ
to Coda
きみとぼく の あ いだに ラ ララー ひとつ のーう
シ シ シ シ シ ラ ソ ミ レ ソ ミ ソソ レ シ ラ シラソ
ソ シ レ ソ ド ミ ソ シ ド ミ レ #ファ
1.
た
ソ
ソ シ レ ソ ラ レ
2.
た
ソ
ソ シ レ ソ
D.S.
Coda
た
ソ ド シ ラ ソ
ソ シ レ ソ ♭ミ レ ド シ ソ

うた向き

こころのねっこ

作詞・作曲：南 夢未

ポイント　メロディのキーの低さに思いが込められています。淡々と進みますが、最後の「みんなのこころのねっこにな れ」は少し遅く弾き、その思いを今一度伝えましょう。

1.い つ の ま に か お お き く な っ た い つ
にち い ち にち お お き く な っ た い ち
の ま に か な か な く な っ た い つ の ま に か こ け
にち い ち にち つ よ く ー な っ た い ち にち い ち にち じょう
な く な っ た い ろ い ろ で き る よ う に な っ た は じ め
ぶ に な っ た い っ ぱ いの お も ー い で に な っ た こ れ か

てのであいはじめてのなかまはじめてしったたく
らのであいこれからのなかまこれからわかるたく
てのであいはじめてのなかまはじめてしったたく
ラ ラ ♯ソ ラ シ ラ シ ラ ソ ソ ミ ソ ラ レ ミ レ レ レ ミ ファ ミ レ
ファ ファ ミ ド レ ソ
さんのことないてわらったまいにちがみん
さんのことここですごしたままいにちがみん
さんのことここですごしたまいにちがみん
ミ ♯レ ミ ファ ソ ファ ソ ラ ラ ♯ソ ラ シ ラ ソ ミ ソ ラ レ ミ
ド ♭シ ファ ファ ミ ド
to
1.
なのこころのバネになった
なのこころのねっ
なのこころのねっ
レ レ レ ミ ファ ファ ミ レ ミ レ ド ド ド ソ
レ ソ ド ソ ド ファ ソ
2.いち
ミ レ ド ラ ド レド ソ ファ ミ レ ソ ド レ
ミ ラ レ ♭ラ ソ ソ ソ

Coda
こ に なれ はじめ
ミ レ ドド ド ファ ソ
ド ソ ド ソ
D.S.
こ に なれ
ミ レ ドド
ド ソ ド
みん なのここ ろのー ねっ
レ ミ ファ ソ ラ ド シ ソ ド レ ミ レ レ レ ミ ファ ファ ミ レ
レ ソ ミ ラ レ ソ
こ に なれ
ミ レ ドド ソ ド レ ミ ファ ソ ソ ファ ファ ド レ
ド ソ ド ド ♭シ ラ ♭ラ
ミ ♯レ ミ シ ド ソ ファ ミ ド ソ ソ ファ ミ ド ド
ラ ♯ファ ソ ソ ソ ソ ソ
rit.

うた向き

キラキラがいっぱい

作詞・作曲：新沢としひこ

ポイント

明るい別れの曲です。少し速く元気に弾きましょう。後半は手拍子を入れても良いでしょう。

1. ポケッートのな かにはー キラキーラがい っぱいー むねにーてをあ てればー いまもーおもい だすよー さく
2. ポケッートのな かにはー キラキーラがい っぱいー むねにーてをあ てればー いまもーおもい だすよー イチョ
3. あそこーにもこ こにもー キラキーラがい っぱいー こてーですく っ たらー いまもーひかり だすよー みん
4. けんかーしてな いたひー ふざけーてわら ったひー うたをーうたえ ばほらー あふれーだして くるよー さよ

らのはなびらキラキラキラはる
ウのはっぱがキラキラキラあき
なのひとみがキラキラキラして
ならせんせいさよならとも
ラ ファ ラ ファ ♭シ ソ レ ソ ♭シ ソ ♭シ ソ
ファ ド ラ ド ソ レ ♭シ (レ) ド ソ ミ ソ
のひプールにひかりがキラ
のひいちめんのゆきがキラ
いたみんなのえがおがキラ
だちさよならみんなのすて
ラ ファ ド ファ ラ ファ ラ ファ ♭シ ソ レ ソ
ファ ド ラ (ド) ファ ド ラ ド ソ レ ♭シ (レ)
1.2.3.
4.
キラなつのひ
キラふゆのひ
キラしていた
きなほいくえん
♭シ ソ ♭シ ソ ラ ファ ラ ファ
ド ソ ミ ソ ファ ラ ド ファ ド ラ
ファ

うた向き

さよならぼくたちのほいくえん

作詞：新沢としひこ
作曲：島筒英夫

ポイント

感情を入れて弾きたくなる名曲です。16分音符や付点音符も丁寧に、歌詞を尊重して弾きましょう。

1.たくさ　んのまいにち　をここで
んのまいにち　をここで
シ ド レ　シ ラ ド シ ラ シ　レ シ ド レ
ソ シ レ ソ　ソ シ レ ソ
すごしてきた　ね　な　んど　わらって　な
すごしてきた　ね　うれ　しい　ーことも　かな
ソ ソ #ファ ソ #ファ シ　レ レ　ド ド ドレミ#ファ ミ
ミ ソ シ ミ　シ レ #ファ シ　ド ミ レ ラ
んど　ないて　な　んど　かぜをひい　て　たくさ
しい　ことも　き　っと　わすーれな　い　たくさ
レ レ ミ#ファソ ソ　ミ ミ ミ ソ ソ ミ シ　ラ シ ド レ
シ レ ミ シ　ド ミ #ド ソ　レ ラ
んのともだち　とここで　あそんできた
んのともだち　とここで　あそんできた
シ ラ ド シ ラ シ　レ シ ド レ　ソ ソ #ファ ソ #ファ シ
ソ シ レ ソ　ソ シ レ ソ　ミ ソ シ ミ

この曲は「発表会用の3段譜」がP.210〜にあります。

ね ど こ で はしっ て ど こ で ころん で ど
ね み ず ー あそび も ゆ き ー だるま も ず
レ レ ド ド ドミソ ♯ファ ミ レ レ レラ♯ファ ソ ソ
シ レ ♯ファ シ ド ミ レ ラ シ レ ミ シ
こ で け ん か を し て さ よ な ら ぼ くたち の
っ と わ す ー れ な い さ よ な ら ぼ くたち の
ミ ミ ミ ソ ソ ミ ソ レ シ シ シ ソ ド シラ シ レ
ド ミ ♯ド ソ レ ♯ファ ラ ド ソ レ シ ソ レ シ
ほ い く え ん ぼく た ちの あ そ ん だ に わ ー
ほ い く え ん ぼく た ちの あ そ ん だ に わ ー
ミ ソ ド ド シ シソ ド ドド ソ ミ ミ ソ ラ シ ラ
ド ソ ミ ソ レ シ ド ソ ミ ド ソ ミ ソ レ シ レ ラ ♯ファ
さ く ら の は なーび ら ふ る こ ろ は ラン ド セ ルの ー いちね ん
こ の つ ぎ あ そーび に く る と き は ラン ド セ ルの ー いちね ん
シ シ シ ソ ド シラ シ レ ミ ソ ド ド シ シソ ド ドド ド レ レレシ ラ
ソ レ シ ソ レ シ ド ソ ミ ソ レ シ ド ソ ミ ド ♯ファ

1.
2.
せい
2.たくさ
せい
ソ ソ シ レ ソ レ ラ シ ド レ ソ ソ シ レ ド
さよならぼくたちの
ほいくえん
ぼくたちのあそんだに
シ シ シ ソ ド シラシ レ
ミ ソ ド ド シ シソ
ド ドド ソ ミ ミ ソ ラ
わー
さくらのはなーびら
ふるころは
ラン
シ ラ
シ シ シ ソ ド シラシ レ
ミ ソ ド ド シ シソ
ドセルのーいちねん
せい
ド ドド レ レレシ ラ
ソ ソ シ レ ソ
ソ シ レ ソ
♯ファ

あそび向き

せんせいとおともだち

作詞：吉岡 治
作曲：越部信義

ポイント

7、8小節の部分をメゾフォルテで強調して弾いてみましょう。そうすることで、こどもたちが歌いやすくなることでしょう。

うた向き

世界中のこどもたちが

作詞：新沢としひこ
作曲：中川ひろたか

ポイント 四拍子ですが、マーチのように小気味良く左手伴奏を弾きましょう。

よ う ぼ く ら の ゆ め を と ど け よ う ぼ く ら の
シ ♯ファ シ シ シ ラ ソ ♯ファ ミ ラ ラ ラ ラ ミ ラ ラ ラ ソ
♯ファ シ ♯ファ シ ソ シ ソ シ ミ ラ ミ ラ
♯レ ♯レ ミ ミ ♯ド ♯ド
こ え を さ か せ よ う ぼ く ら の は な を せ か い
♯ファ ミ レ シ シ シ シ ♯ファ シ シ シ ラ ソ ♯ファ ミ ラ ラ ラ
♯ファ ラ ♯ファ ラ ♯ファ シ ♯ファ シ ソ シ ソ シ
レ レ ♯レ ♯レ ミ ミ
Coda
に に じ を か け よう せ か い ろう
ラ ラ ラ ラ シ ♯ド レ レ ミ ♯ファ ソ
ミ ラ ミ ラ レ ラ レ ソ レ ソ
♯ド ♯ド
3
D.S.

うた向き

たいせつなたからもの

作詞・作曲：新沢としひこ

ポイント

短い中にメッセージがつまった曲です。メロディを丁寧に歌うように弾き、その思いを届けましょう。

𝄋
1.ここで いっしょにあそんだ ともだちを ずっ
みんなとうたった うーーたを ずっ
みんなとわらった あのときを ずっ
ドドレ ミミミミ ファファファファ ソソソラソ ミソ
ド ミ レ ラ ミ ソ ド ♭シ
とずっとおぼえて いよう たい
とずっとおぼえて いよう たい
とずっとおぼえて いよう たい
ララララ ラドシラ ソラソ ミソ
ファ ラ ♯ファ ♭ミ ミ ソ ラ ♯ド
to 𝄌
せつなたから ものたく さんのともだ
せつなたから ものたく さんのーうー
せつなたから ものたく さんのおもい
ラ ドシ シラ ソ ミド レミ ファ ミ ファミレド
レ ファ ソ レ ミ ソ ラ ミ ファ ラ ♭ラ ソ

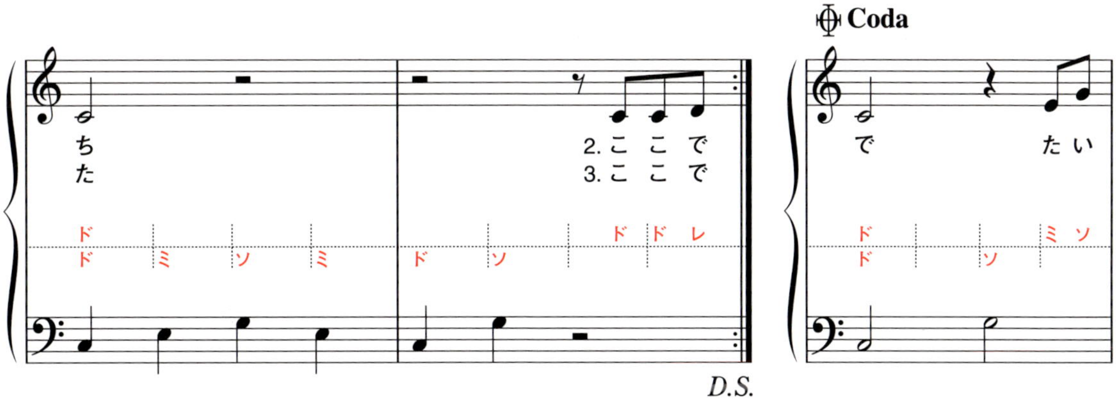
Coda
ち
た
2. こ こ で
3. こ こ で
で たい
ド ドドレ ド ミソ
ドミソミ ドソ ドソ
D.S.

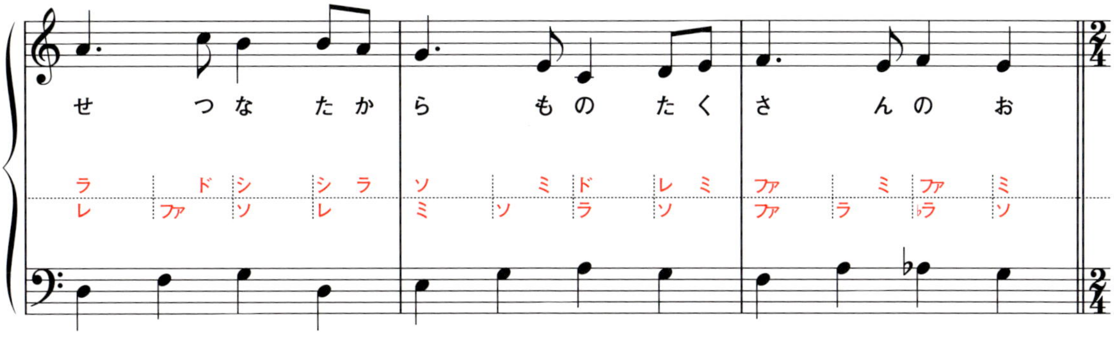
せ つ な た か ら も の た く さ ん の お
ラ ド シ シ ラ ソ ミ ド レ ミ ファ ミ ファ ミ
レ ファ ソ レ ミ ソ ラ ソ ファ ラ ♭ラ ソ

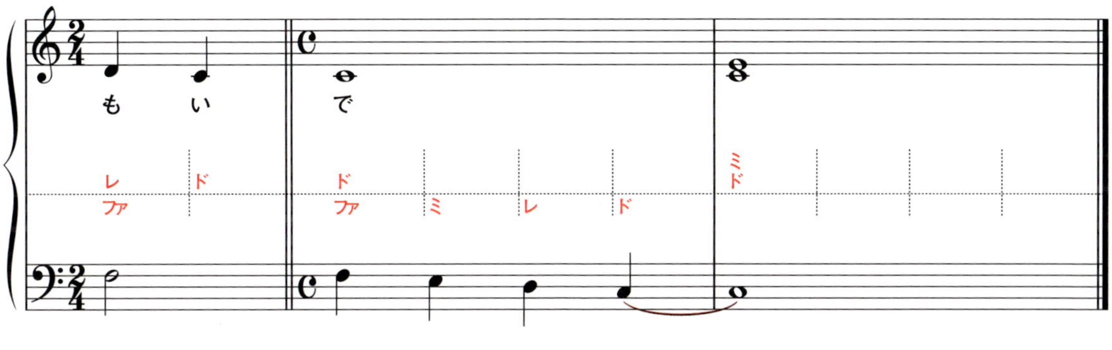
も い で
レ ド ド ミ ド
ファ ファ ミ レ ド

卒園・入園ソング

うた向き

『ね』

作詞・作曲：高橋はゆみ

ポイント

序盤〜中盤は黒鍵を生かし、優しく語りかけるように。終盤は元気いっぱいに思いをぶつけましょう。

1.うま くいえそうにも ないけど いま
くいかないときも あるけど もうい
いろんなヤツが いるけど なんだ
♭シ ♭シ ♭ミ (♭ミ) ♭ミ ♭ミ ソ (ソ) ファ ♭ミ ド ♭ミ ファ ♭ミ ♭シ ♭シ
♭ミ ♭シ ♭ラ ♭レ
おなかのどまんな かにたし
ちどやってみたら できた！まけ
かんだいってもきに いってるほん
♭ミ ♭ミ ♭ミ ♭ミ ソ ソ ファ ♭ミ ソ ♭シ (♭ラ ♭シ) ♭ミ ♭ミ
♭ミ ♭シ ♭ミ ♭レ
かにあったかいもの もーってるまっ
るもんかがんばれ こどもたちあし
とにみんなが しあわせになれ
ド ド ド ♭シ ♭ラ ♭ラ ソ ♭ラ ♭シ (♭シ ♭シ) ソ ♭ミ ファ ソ
♭ラ ♭シ ソ ド

すぐにつたえたい　いろんなぐうぜんが
たーはれるから　このおおきなあおいほ
たーらいいのにね　ちきゅうはまわる　わた
♭ラ ♭ラ ソ ♭ラ ソ ファ ♭ミ ファ ♭シ ♭シ ♭ミ ♭ミ ♭ミ ♭ミ ソ (ソ) ファ ♭ミ
ファ ド ♭シ ファ ♭ミ ♭シ
かさなってここ　にこうしてある
しのうえでここ　んなにちかくなれる
しもすすむみんな　ちょっとちょっとずつかわ
ド ♭ミ ♭ミ ファ ♭ミ ♭シ ♭シ ♭ミ (♭ミ) ♭ミ (♭ミ) ソ ソ ファ ♭ミ
♭ラ ♭レ ♭ミ ♭シ
なたといっ　しょにいられる
なんておも　いもしなかっ
ーってゆくそれ　でいいんだよいつ
ソ ♭ラ (♭ラ) ♭シ ♭ミ ♭ミ ド ド (ド) ♭シ ♭ラ ソ ♭ラ
♭ミ ♭レ ♭ラ ♭シ
こーとがただ　とてもうれし
たーからただ　とてもうれし
いつだってじぶ　んをしんじよ
♭シ (♭シ) ♭シ ソ ♭ミ ファ ソ ♭ラ ソ ファ ♭ミ レ ファ
ソ ド ファ ♭シ

卒園・入園ソング

い い う
ラ ラ ラ ね おじ いちゃん に な ーっ て も
♭ミ ソ ♭ラ ♭シ ド ド ド ド ♭シ ♭ラ ♭シ ソ ♭ミ
♭ミ ♭ミ ファ ソ ♭ラ ♭ラ ♭シ ファ ソ レ ド ソ
ね おば あちゃん に な ーっ て も ずっ と ずっ と いっ しょに あっ た
ド ド レ ド ♭シ ♭ラ ♭シ ソ ♭ミ ファ ソ ♭ラ ソ ファ ♭ミ レ ♭ミ ファ
ファ ♭ラ ♭シ ファ ソ レ ド ソ ファ ♭ラ ♭シ ♭ラ
1.2.
か く つ き あっ て た い ね ね ね
2. う ま
3. そ りゃ
♭シ ♭ミ ファ ソ ♭ラ ソ ファ ♭ミ レ ファ ♭ミ ♭シ ♭シ
ソ レ ド ソ ファ ♭ラ ♭シ ♭シ ♭ミ ♭シ ♭ミ
3.
ね ラ ラ ラ ね おじ いちゃん に な ーっ て も
♭ミ ソ ♭ラ ♭シ ド ド ド ド ♭シ ♭ラ ♭シ ソ ♭ミ
♭ミ ♭ミ ファ ソ ♭ラ ♭ラ ♭シ ファ ソ レ ド ソ

ね おばあちゃんに なーっても ー ずっと
ずっといっしょに あったかくつき あってたいね ね
ね ずっと ずっといっしょに あったかくつき
あってたい ね ね ね
p
rit.

うた向き

ビリーブ

作詞・作曲：杉本竜一

ポイント

前半は言葉が多く重くなりがちです。２小節ごとにまとめるようにしましょう。中間部は静かに深く進みます。最後は少し強く弾き、この曲の空気感を広げましょう。

1.た と え ば き み が ー き ず つ い て く じ け そ う に
2.も し も だ れ か が き み の そ ば で な き だ し そ う に
ラ ♭シ ド ラ ソ ソ ソ ソ ファ ソ ラ ファ ミ レ ミ ファ ソ ファ ド
ファ ラ ド ミ レ ファ ラ ド ♭シ レ ラ ド

なっ た と き は か な ら ず ぼ く が そ ば に い て さ
なっ た と き は だ ま ー って う で を と り な が ら
レ レ ミ ファ ソ ラ ♭シ ド ラ ソ ソ ソ ファ ソ ラ ファ レ レ
シ レ ソ ド ファ ラ ド ミ レ ファ ♭シ レ

この曲は「発表会用の合奏譜」がP.224～にあります。

を ー あ け る と き か な し
に ー な れ る な ら あ こ が
ファ ファ ミ ファ ミ レ ド ファ ド
レ ファ ラ レ ♭シ レ ファ ♭シ ファ ラ ド ファ
み ー や く る し み ー が い
れ ー や い と し さ ー が お
ド ♭シ ♭シ レ ソ ファ ファ ミ ミ ド
♭シ レ ファ シ シ レ ソ シ ド ミ ソ ♭シ
つ のひか ー ー よ ろ こ びに ー か わ る
お ぞらに ー ー は じ け て ー ひ か る
ラ ラ ラ ソ ソ ラ ソ ファ ファ ミ ファ
ファ ラ ド ファ ド ミ ソ ド レ ファ ラ レ
だ ーろう
だ ーろう
アイ ビリーブ イン フューチャー
ミ レ レ ド ファ ラ ド ♭シ
♭シ レ ファ ♭シ ファ ラ ド ファ ソ ♭シ ♭レ ファ

1.
2.
し んじ て る る い
ラ ラ ソ ファ ファ ファ ド
ド ミ ソ ♭シ ファ ド ファ ファ ラ ド ファ
ま ー みらいの ー ー とびら を ー あける
ラ ラ ラ ラソ ソ ラ ソ ファ ファ ミ ファ
ファ ラ ド ファ ド ミ ソ ド レ ファ ラ レ
と き アイ ビリーブ イン フュー チャー
ミ レ ド ファ ラ ド シ
♭シ レ ファ ♭シ ファ ラ ド ファ ソ ♭シ ♭レ ファ
し んじ て る ー
ラ ラ ソ ファ ファ
ド ミ ソ ♭シ ファ ラ ド ファ ド ラ ファ

うた向き

みんなともだち

作詞・作曲：中川ひろたか

ポイント

明るくサヨナラをする曲です。卒園児、在園児が一緒に歌える歌でもあります。中間部は卒園児が、前後は皆一緒に歌ってもよいですね。

3
みんな
ともだちー ずっとずっと ともだちー
ともだちー ずっとずっと ともだちー
♯ファ ソ ラ シ シ ♯ラ シ レ レ ♯ド シ ラ ラ ♯ソ ラ
ソ レ ソ レ ♯ファ ♯ド
がっこう いってもー ずっとともだ
おとなに なってもー ずっとともだ
ラ シ ラ ミ ♯レ ミ ミ レ ♯ド レ ミ
♯ファ シ ミ シ ミ ラ
3
1. 2.
ち Yeah みんな ち
♯ファ ラ ♯ファ ソ ラ レ ♯ド レ ミ
レ ラ レ ミ ♯ファ レ ラ レ

①
1.みんないっしょにー うたをうたっ
2.みんないっしょにー プールであそん
た みんないっしょにー えをかい
だ みんないっしょにー ロボットをつくっ
た みんないっしょにー
た みんないっしょにー
おさんぽをし た みんないっしょに
かけっこをし た みんないっしょに

ー おおきくなっ たみんな
ー おおきくなっ たみんな
ミ シ ラ ラ ラ ラ シ ミ ラ ラ ♯ファ ソ ラ ミ
②
ともだちー ずっとずっと ともだちー
シ シ ♯ラ シ ソ レ レ レ ♯ド シ ソ レ ラ ラ ♯ソ ラ ♯ファ ラ
がっこう いってもー ずっとともだ
ラ シ ラ ♯ファ シ ミ ♯レ ミ ミ シ ミ レ ♯ド レ ミ ミ ラ
3
ち Yeah みんな ともだちー
♯ファ ラ レ ラ ♯ファ ソ ラ レ ミ ♯ファ シ シ ♯ラ シ ソ レ

ずっ とずっ と
と も だ ち ー
お と な に
なっ て も ー
ずっ と と も だ
to ①②
ち
D.S.①
Coda①
ち
み
ん な
D.S.②
Coda②
ち

卒園・入園ソング

うた向き

はじめの一歩

作詞：新沢としひこ
作曲：中川ひろたか

ポイント

卒園式定番曲の一つですね。歌詞がメインなので、メロディを丁寧に弾きます。後半の伴奏の八分音符がうるさくならずに、深く弾けるようにしましょう。

1.ち い さ な と り が う た っ て い る
2.し ん じ る こ と を わ す れ ちゃ い け
ミ ミ ソ ファ ミ レ ド ラ ラ シ ド シ ラ
ド シ ラ ソ ド シ ラ ソ ファ ミ レ ファ
よ ぼ く ら ー に ー あ さ が
ない か な ら ー ず ー あ さ は
ソ ラ ラ シ ド レ シ ド シ ラ
ソ ファ ミ レ ファ ミ レ ファ ミ レ ド ラ
お と ず れ た よーとー き の う と ち が
お と ず れ る かーらー ぼ く ら の ゆ め
レ レ レ レ レ シラソ ミ ミ ソ ファ ミ レ
#ファ ミ レ ド ソ ファ ミ レ ド シ ラ ソ
う あ さ ひ が の ぼ る
を な く し ちゃ い け ない
ド ラ ラ シ ド シ ラ ソ
ド シ ラ ソ ファ ミ レ ファ ソ ファ ミ レ

かわのーなー がれも かがやいてーい
きっとーいー つかは かなーうはずだ
ラ ラ シ ド レ シ ド シ ラ ラ ラ ラ ラ シ ド レ
ファ ミ レ ファ ミ レ ド ラ ファ ミ ソ ソ
るよ はじめ のいっ ぽ あした
ド ミ ファ ソ ド シ ラ ソ ミ ファ ソ
ド ミ ソ ファ ド ラ ド ソ レ シ レ ミ ド ソ ド ミ
にいっ ぽ きょうから らなーにも
ド シ ラ ソ ミ ファ ソ ド シ ド レ シ
ファ ド ラ ド ソ レ シ レ ミ ド ソ ド ミ ファ ド ラ ド ソ レ シ レ
かもが あたらーし い はじめ
ド シ ラ ラ ラ シ ラ シ ド ミ ファ ソ
ラ ミ ド ミ ラ ミ ド ミ レ ラ ♯ファ ラ ソ ド ソ ミ ソ ド

の い っ ぽ あ し た に い っ
ド シ ラ ソ ミ ファ ソ ド シ ラ
ファ ド ラ ド ソ レ シ レ ミ ド ソ ド ミ ファ ド ラ ド ソ レ シ レ
ぽ ゆ う き を も っ て お お き く
う ま れ か わ っ て お お き く
ソ ミ ファ ソ ド シ ド レ シ ド シ ラ
ミ ド ソ ド ミ ファ ド ラ ド ソ レ シ レ ラ ミ ド ミ ラ ミ ド ミ
1.
い っ ぽ あ る き だ せ
い っ ぽ あ る き だ
ラ ソ ラ ド シ ド レ ド ド ♭シ ♭ラ
ファ ド ラ ド ソ ミ ミ ファ ミ レ ♭ラ ファ
2.
せ
ソ ド ラ ド ファ ミ レ ド
ソ ラ シ ソ ド レ ミ ファ ソ ミ ド

あそび向き

アイスクリームのうた

作詞：佐藤義美
作曲：服部公一

ポイント　ストーリーを生かして前後は語るように。中間部は音楽隊の感じを出すために、付点音符を生かしてテンポ良く弾きましょう。

1. おと ぎばなしの おうじでも むかしはとても
ぎばなしの おうじょでも むかしはとても
(𝄋) ぎばなしの おうじでも むかしはとても
レ ♭ミ ファ ♭シ ラ ♭シ レ ♭ミ ド ド ド ド レ ♭ミ ♭ミ ラ ラ ♭ミ
♭シ ファ ファ ファ ファ ファ
たべられない アイ スクリーム アイ
たべられない アイ スクリーム アイ
たべられない アイ スクリーム アイ
レ レ ♭シ ♭シ ♭シ レ ♭ミ ファ ファ ♭シ ラ ソ ラ
♭シ ファ ♭シ ファ ファ ファ
to Φ
スクリーム ぼく はおうじでは
スクリーム わた しはおうじょでは
ソ ソ ♭シ レ ファ レ ♭ミ ファ ♭シ ラ ♭シ ♭シ レ
ド ソ ファ ♭ミ レ ド ♭シ ファ

卒園・入園ソング
人気曲

ないけれどアイ スクリームを めしあがる
ないけれどアイ スクリームを めしあがる
スプー
♭ミ ド ド ド ド レ ♭ミ ♭ミ ♭ミ ラ ラ ♭ミ レ レ ♭シ ♭シ ♭シ レ ♭ミ
ファ ファ ファ ファ ♭シ ファ
ン ですくって ピチャッチャッチャッ したにのせると
ファ ファ ♭シ ♭シ ラ ラ ラ ド レ ♭ミ ♭ミ ラ ラ ラ
♭シ ファ ファ ファ ファ ファ
トロントロ のどを おんがくたいが とお
ソ ソ ファ ファ ソ ラ ソ ファ ♭ミ ♭ミ ソ ソ ファ ファ ♭ミ
♭シ ファ ド ソ ファ ファ
ります プカ プカドンドン
レ ド ♭シ レ ♯ド ド ド ソ ♭ミ
ファ ファ ♭シ ファ ド ソ ♭ミ ソ

つ めた いね ルラ
ル ラル ラ
あ まいね チー
ファ ファ ド ド ド レ ♯ド
ド ラ ファ ラ
ド ミ ソ ♭シ
ド ソ ミ ソ
ラ ファ ファ ファ ファ ♭ミ
ド ラ ファ ラ
タ カタッ タッ タッ
おいしいね アイ
スクー リー ムは
レ レ ♯ファ ラ ド
レ ラ ♯ファ ラ
♭シ ♭シ ソ ソ ラ ♭シ
レ ♭シ ソ ♭シ
ド ド ド ド ド
♯レ ミ
1.
2.
Coda
たのしいね 2.おと
たのしいね おと
スク
ド ♭シ ラ ソ ファ レ ♭ミ
ファ ファ
ソ ファ
♭ミ レ
D.S.
リー
ムー
ソ ラ
♭レ ド
♭シ
♭シ ファ ♭シ ♭シ

振り付け向き

ステキな日曜日～Gyu Gyu グッデイ！～

作詞：渡辺なつみ／浅利進吾
作曲：浅利進吾

ポイント

前奏に歌詞のリズムでメロディを入れると、いちだんと最初から曲が盛り上がる感じになります。

ギュッ！ ギュッ！ ギュッ ギュッ ギュッ！ ギュッ！ ギュッ！ ギュッ ギュッ ギュッ！
ファ ファ
ド ド ド ド ド ド ド ド
ギュッ！ ギュッ！ ギュッ ギュッ ギュッ！ ギュッ ギュッ ギュッ のギュッ！
ファ ファ
ド ド ド ド ド ド ド ド
ファ ファ ファ ファ ファ ファ ソ ラ ファ ファ ファ ファ ファ ファ ファ ファ ソ ラ ♭シ ラ ソ ファ ファ ミ ファ ソ
ファ ファ ファ ファ レ レ レ レ ♭シ ♭シ ♭シ ♮シ ド ド ド ド
サ ン サンとー おひさまえがお にちようびー
ザ ア ザアとー あめがふってる にちようびー
ファ ファ ファドファ ファ ファ ソ ラ ソ ファ ミ レ レ レ ファレ
ファ ファ ファ ファ ファ ファ ファ ファ レ レ レ レ

おでかけしましょ はぐれないー ようにしっかり
でもへいきだよ かささしてー ながぐつはいて
レ レ ミ ファ ミ ファ ソ ファ ファ ファドファ ファ ファ ソ ラ ソ ファ ミ
レ レ レ レ ファ ファ ファ ファ ファ ファ ファ ファ
なかよくねー てをつないで
でかけようー おしゃれをして
レ レ レ ファレ ♭シ レ ド レ ミ ファ
レ レ レ レ ♭シ ♭シ ド ド ラ ソ ファ ド
ずっとずっとずっといっしょにい
ちょっとちょっとちょっとさみしいと
ファ ファ ファドファ ラ ラ ラ ラ ラ ラ ラ ソ ファ ミ ファ
ファ ファ ファ ファ ♭シ ファ ド ソ
ようね あしたもあさっても
きでも みずたまーりとんで
ソ ミ ファ レ レ レレ レ レ(レ) ミ ファ
♯ド ソ レ ミ ファ ラ ソ ソ ソ ソ

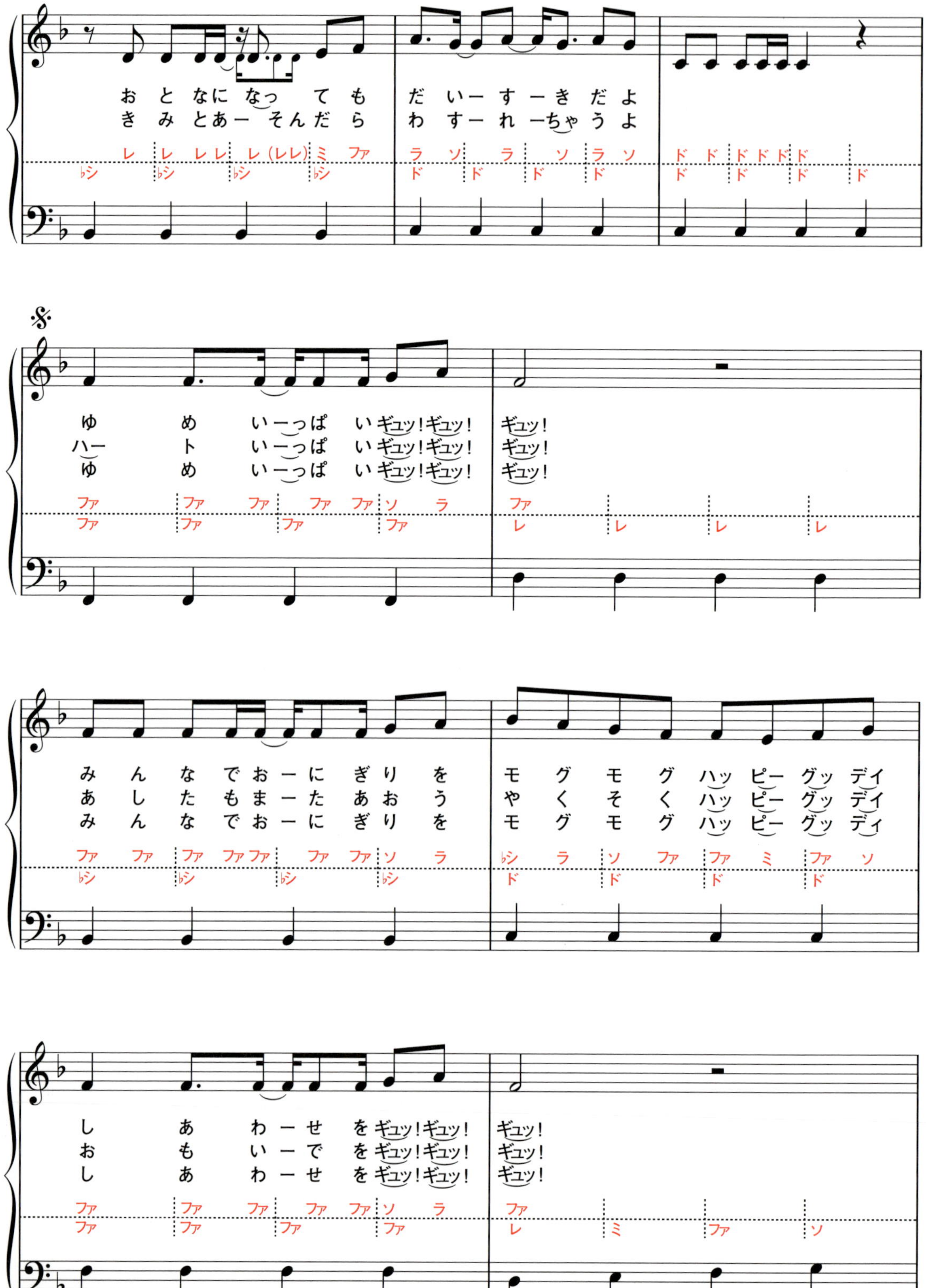
おとなになっても だいーすーきだよ
きみとあーそんだら わすーれーちゃうよ
ゆめいーっぱいギュッ！ギュッ！ ギュッ！
ハートいーっぱいギュッ！ギュッ！ ギュッ！
ゆめいーっぱいギュッ！ギュッ！ ギュッ！
みんなでおーにぎりを モグモグハッピーグッデイ
あしたもまーたあおう やくそくハッピーグッデイ
みんなでおーにぎりを モグモグハッピーグッデイ
しあわーせをギュッ！ギュッ！ ギュッ！
おもいーでをギュッ！ギュッ！ ギュッ！
しあわーせをギュッ！ギュッ！ ギュッ！

あいじょうたーっぷりで マンプクプクプクプク ニコニコほらね
ココロのポーケットに ウキウキしまおう あめがやんだら
あいじょうたーっぷりで マンプクプクプクプク ニコニコほらね
ファ ファ ファファファ ファ ファ ソ ラ ♭シ ラ ソ ファ ファ ミ ファ ソ レ ファ レ ミ ミ ファ ソ
♭シ ♭シ ♭シ ♭シ ド ド ♯ド ♯ド ♭シ ♭シ ♭シ ♭シ
to
ココロがおどる
にじがみえたよ
ココロがあくしゅ
ステキな にちようび
ミ ソ ミ ♯ファ♯ファ ソ ラ ♭シ ♭シ ♭シ ♭シ ラ ソ ファ ソ ファ
ラ ラ レ レ ソ ソ ソ ソ ド ド ド ド ファ ファ ファ ファ
1.
ギュッ ギュッ ギュッ のギュッ!ー
ファ ファ ファ ド ファ ファ ファ ファ ファ ファ ファ ソ ラ ファ ファ
ファ ファ ファ ファ ファ ファ ファ ファ レ レ レ レ
ファ ファ ファ ファ ファ ファ ソ ラ ♭シ ラ ソ ファ ファ ミ レ ♭レ ド ド ド
♭シ ♭シ ♭シ シ ド ド ド ド ド ド ド

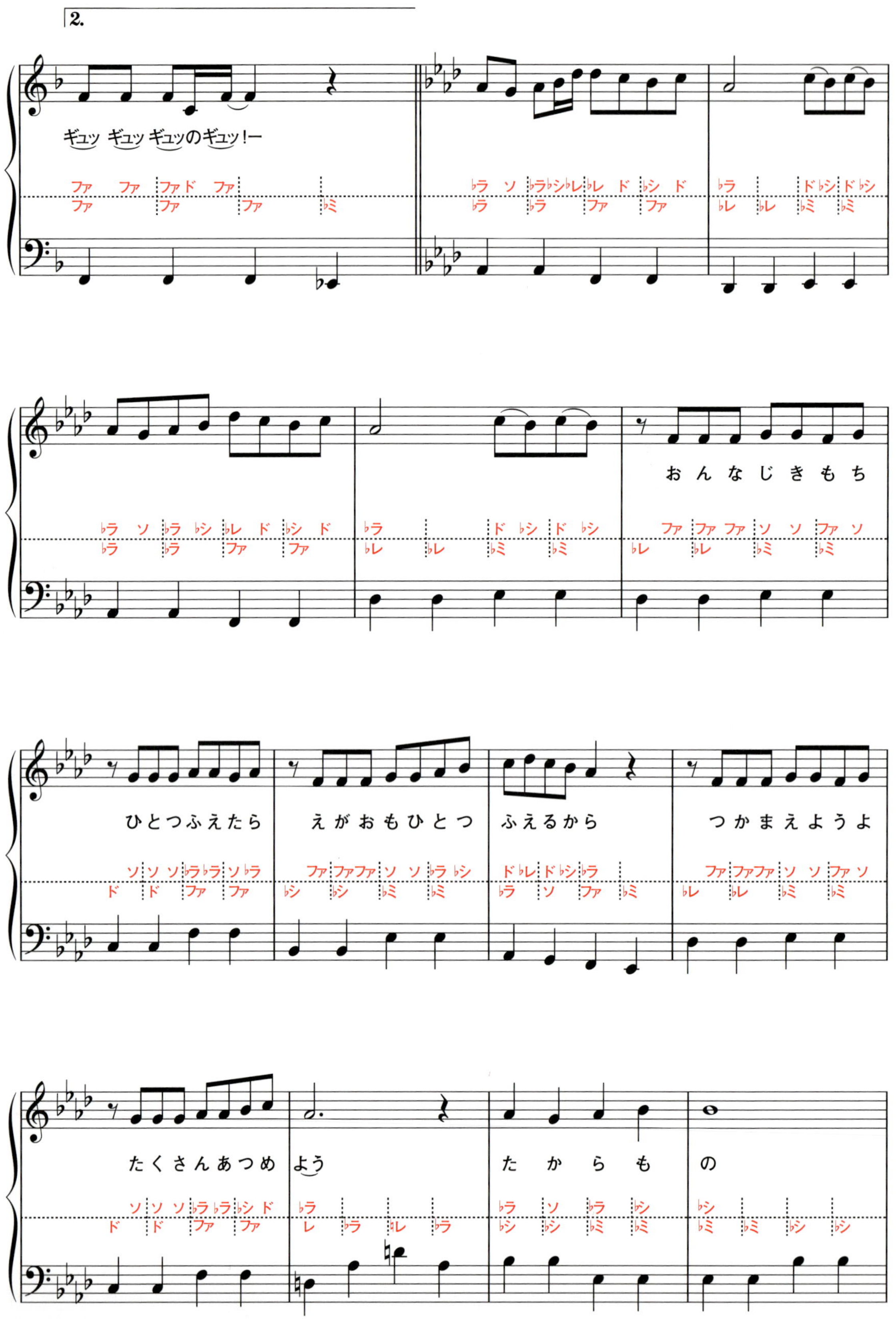
2.
ギュッ ギュッ ギュッのギュッ！ー
おんなじきもち
ひとつふえたら
えがおもひとつ
ふえるから
つかまえようよ
たくさんあつめ
よう
たからもの

Coda
ネッ！
び
ソ ♭シ ♭ラ ソ ファ
♭ミ ♭ミ ♭ミ ♭ミ
D.S.
ファ ♭レ ♭レ ♭レ ♭レ ♭レ
グッ デイ！
♭ミ ♭ミ ド ド ド ド
ギュッ！ ギュッ！ ギュッ ギュッ ギュッ！
ファ ファ ファ ファ ファ ファ ファ ファ ソ ラ ファ
ギュッ！ ギュッ！ ギュッギュッギュッ！
ファ レ レ ファ レ レ
ギュッ！ ギュッ！ ギュッギュッギュッ！
ファ ファ ファ ファ ファ ファ ソ ラ ♭シ ♭シ ♭シ シ
1.
♭シ ラ ソ ファ ファ ミ レ ♭レ ド ド ド ド
2.
♭シ ラ ソ ファ ファ ミ ファ ソ ド ミ ソ ♭シ
ファ ラ ド
ファ ファ ファファファ ド ド ドドド ファ ファ ファファファ

振り付け向き

おかえりのうた

作詞：天野 蝶
作曲：一宮道子

ポイント

前奏からメロディに変わる時、音域がかなり広いので、音を外さないようにしましょう。

あそび向き

おばけなんてないさ

作詞：まきみのり
作曲：峯 陽

ポイント　左手の伴奏は「ボン」と音を深く響かせると、曲の怖い感じが出せます。

1.おばけなんてないさ
2.ほんとにおばけが
3.だけどこどもなら
4.おばけのともだち
5.おばけのくにでは
おばけなんてうそさ
でてきたらどうしよう
ともだちになろう
つれてあるいたら
おばけだらけだってさ
ねーぼけたひとが
れいぞうこにいれて
あくしゅをしてから
そこらじゅうのひとが
そんなはなしきいて
みまちがえたのさ
かちかちにしちゃおう
おやつをたべよう
びっくりするだろう
おふろにはいろう
だけどちょっとだけどちょっと
ぼくだってこわいな
おばけなんてないさ
おばけなんてうそさ
おばけなんてうそさ

人気曲

あそび向き

おんまはみんな

作詞：中山知子
アメリカ民謡

ポイント 左手のスタッカートは馬の躍動感を表現しています。元気よく跳ねるように弾きましょう。

あそび向き

こぶたぬきつねこ

作詞・作曲：山本直純

ポイント

鳴き声の時、動物のマネの「鼻を上向き（ぶた）」「目を吊り上げる（きつね）」「おなかをたたく（たぬき）」などをすると効果的です。また、こどもたちが歌詞を追いかけて歌ってみましょう。最初はゆっくりで、だんだん速くしていくと、楽しくなります。

1. こ ぶ た こ ぶ た た ぬ き た ぬ き き つ ね き つ ね ね こ ね こ こ ぶ
2. ブ ブ ブ ブ ブ ブ ポン ポコ ポン ポン ポコ ポン コ ン コン コ ン コン ニャー オ ニャー オ ブ ブ
た こ ぶ た た ぬ き た ぬ き き つ ね き つ ね ね こ ね こ
ブ ブ ブ ブ ポン ポコ ポン ポン ポコ ポン コ ン コン コ ン コン ニャー オ ニャー オ
（おしまい）
ド レ ミ ファ ソ ラ ソ ファ ミ レ ド ド レ ミ ド レ ミ ファ ミ
ド ソ ド ソ ド ソ
レ ファ ミ レ シ ド レ シ ド レ ミ ド ミ ド ミ ファ
シ ソ シ ソ ド ソ
ソ ミ ファ ソ ラ ソ ファ ラ ソ ファ レ ミ
ド ソ ド ファ
ファ レ ミ ファ ソ ド ソ ド
シ ソ ド ソ ミ

人気曲

あそび向き

きたかぜこぞうのかんたろう

作詞：井出隆夫
作曲：福田和禾子

ポイント

左手の四分音符が“かんたろう”のさっそうと歩いている雰囲気を出しています。力強く弾きましょう。

1.～3.き た か ぜー ー こ ぞ う の か んた ろ う
ド ド レ レ レ ファ レ ファ ソ ソ ソ ソ ソ
ファ ド レ ド ファ ド レ ド ソ レ ファ レ
ー 1.こ と し もー ー ま ちま で
2.く ち ぶ えー ー ふ きふ き
3.で ん し んー ー ば しら も
ファ ファ ソ ソ ソ ラ ファ ソ
ソ レ ファ レ ソ レ ファ レ ♭シ レ ファ レ
や って きた ー
ひ とり たび ー ヒュー ン ヒュ
な いて いる ー
ラ ラ ド ド ド ド レ ド
ラ ミ ラ ミ ド ミ ラ ミ ♭シ ファ ソ ファ

ー ン
ヒュ ルル ン
ル ンル ンル ンー
ふ ゆ で ー ご ざ ん ー す
さ む う ー ご ざ ん ー す
ゆ き で ー ご ざ ん ー す
ヒュ ルル ルル ル
1.2.
3.
ルン
ー 2.3.き た
ー
ー

振り付け向き

コンコンクシャンのうた

作詞：香山美子
作曲：湯山 昭

ポイント　5～8小節をクレッシェンドにすると、動物の様子が強調されて楽しくなります。

1. リスさんが マスクした ちいさい ちいさい ちいさい ちいさい マスクした
2. つるさんが マスクした ほーそい ほーそい ほーそい ほーそい マスクした
3. ぶうちゃんが マスクした まーるい まーるい まーるい まーるい マスクした
4. かばさんが マスクした おおきい おおきい おおきい おおきい マスクした
5. ぞうさんが マスクした なーがい なーがい なーがい なーがい マスクした
コン コン コン コン クシャン

振り付け向き

しあわせなら手をたたこう

作詞：木村利人
スペイン民謡

ポイント こどもたちが動作を入れる時、リズムが崩れないように左手の四分休符の代わりに1拍目の和音を弾いてもよいでしょう。

1. し あ | わ せ な た て を た た | こう (拍 手) し あ
2. し あ | わ せ な ら あ し な ら | そう (足 ぶみ) し あ
3. し あ | わ せ な ら か た た た | こう (肩 たたき) し あ
ド ド | ファ ファ ファ ファ ファ ファ ミ ファ | ソ ド ド
ラ ファ ラ ファ | ミ ド
わ せな らて をた た | こう (拍 手) し あ | わ せな らた いど で
わ せな らあ しな ら | そう (足 ぶみ) し あ | わ せな らた いど で
わ せな らか たた た | こう (肩 たたき) し あ | わ せな らた いど で
ソ ソ ソ ソ ソ ソ ファ ソ | ラ ド ド | ラ ラ ラ ラ ラ ラ ソ ラ
ミ ド ミ ド | ラ ファ | ラ ファ ラ ファ
し めそ うよ ほ ら | み んな でて をた た | こう (拍 手)
し し めそ うよ ほ ら | み み んな であ しな ら | そう (足 ぶみ)
し めそ うよ ほ ら | み んな でか たた た | こう (肩 たたき)
♭シ ♭シ ラ ソ ファ ミ ファ | ソ ソ ソ ファ ミ ド レ ミ | ファ
ミ ド ラ ファ | ミ ド ミ ド | ラ ファ

振り付け向き

そうだったら いいのにな

作詞：井出隆夫
作曲：福田和禾子

ポイント 4番の歌詞の「×××」ばかりではなく、他の歌詞もこどもたちで考えるとおもしろいですね。例えば「ジャングル→ゆうえんち」「まま→せんせい」などです。

そーうだったら いいのにな
そーうだったら いいのにな
1. うちのおにわがジャングルで こいぬのタローがライオンだ
2.チビッコギャングのおやぶんで おおきなゴリラがよいじんぼう
3.サンタクローーつかまえて うちだけまいばんクリスマス
4. ママがこどもになっちゃって わたしがかわりにおかあさん
5. マホーつかいときょうだいで こまったときーは×××××
そーうだったら いいのにな
そーうだったら
1.2.3.4.
いいのにな
5.
いいのにな

あそび向き

とけいのうた

作詞：筒井敬介
作曲：村上太朗

ポイント　左手の伴奏は、時計の正確な刻みを表しています。しっかりリズムを刻んでください。

人気曲

あそび向き

はたらくくるま

作詞：伊藤アキラ
作曲：越部信義

ポイント

こどもたちは車が大好きです。車のスピード感は大切ですが、歌詞がしっかり歌えるテンポに設定しましょう。また、こどもたちと他の車を調べ、歌詞を変えて歌ってもおもしろいですね。

のりもの　あつまれー　いろんな
くるま　まー　どんどん　でてこい　はたらくくるま　ー
Repeat 3times
1.はがきやおてがみ　あつめるゆうびん　しゃ
2.じどうしゃいっぱい　はこべるカーキャリ　ア
3.おもたいにもつを　あげさげフォークリフ　ト
(ゆう　びん　しゃ)
(カー　キャリ　ア)
(フォーク　リフ　ト)

人気曲

まちじゅうきれいには おそうじせいそう しゃ
ひっこしにもつは おまかせパネルバ ン
じめんのでこぼこ たいらにブルドー ザ
ソ ソ ラ ラ ソ ソ ミ ミ ソ ラ ソ ミ ソ ラ ソ ミ ソ
ソ ド ソ ド ソ ド ソ ド ソ ド ド ド
(せい そう しゃ) けがにんびょうにん いそいできゅうきゅう
(パネ ルバ ン) こわれたくるまを うごかすレッカー
(ブル ドー ザ) おおきないしでも らくらくショベルカ
レ レ ソ ソ シ シ ド ド レ レ ソ ソ シ シ ド ド
ソ ド ド ド ソ レ ソ レ ソ レ ソ レ
しゃ (きゅう きゅう しゃ) ビルのかじには
しゃ (レッ カー しゃ) ガソリンまんたん
ー (ショベ ルカ ー) ジャリをいっぱい
レ (♯ファ) ♯ファ ♯ファ ♯ファ ミ ミ ミ ミ
ソ レ レ レ ソ レ レ レ ラ レ ラ レ
はし ごしょう ぼう しゃ (はしご しょうぼう しゃ)
はいたつタンク ロー リー (タンク ロー リー)
つみこむダン プカ ー (ダン プカ ー)
レ レ (レ) レ ラ ラ ソ
ラ レ ラ レ ソ レ レ レ ソ レ レ レ

いろん な くるまがー あるん だ なぁ
ソ ラ ソ ミ ソ ラ ソ ミ レ レ シ ♯ファ ミ
ド ソ ミ ソ ド ソ ミ ソ シ ♯ファ レ ♯ファ ミ シ ソ シ
いろん な おしごとー あるん だ
ラ シ ラ ミ ラ シ ラ ミ ラ ソ ♯ファ ミ
ラ ミ ド ミ ラ ミ ド ミ ラ ミ ♯ド ミ
なぁ はしる! はしる! はたらくくる まー
ラ シ シ シ ソ ソ ソ ミ ミ ミ レ ミ ソ ソ
レ ミ ♯ミ ♯ファ ソ レ レ レ レ ド レ ド ソ レ レ レ
ソ レ レ レ ミ ミ ミ ミ ミ ミ ミ ソ
レ ミ ♯ミ ♯ファ ソ レ レ レ ド ソ ソ ソ ソ ソ

振り付け向き

南の島のハメハメハ大王

作詞：伊藤アキラ
作曲：森田公一

ポイント　左手伴奏の♩𝄽♩𝄽は、南の島の民族舞踊のステップを表しています。少し重く弾いてもよいでしょう。その分、右手は軽快に弾くと曲の楽しさが出ます。

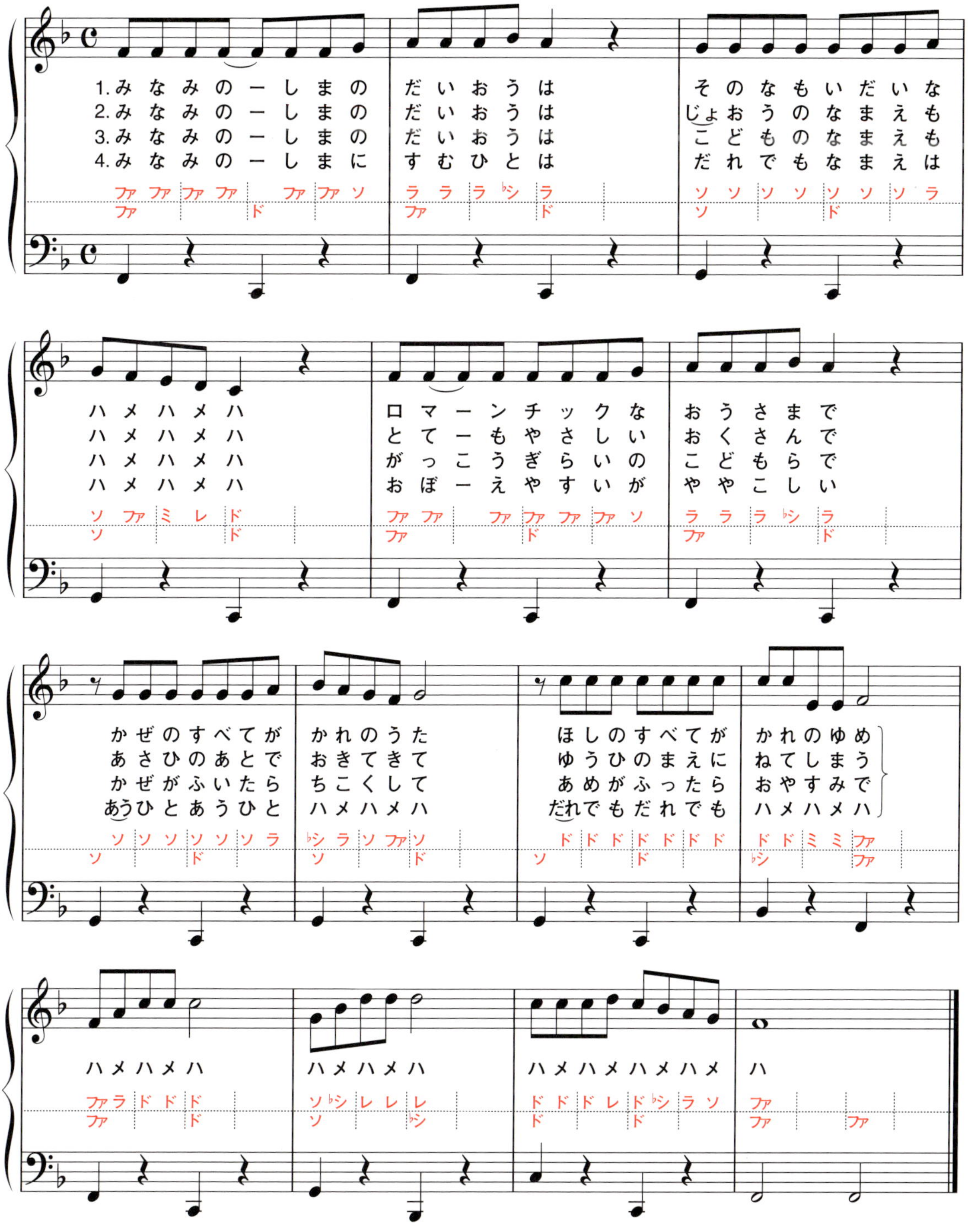
1.みなみのーしまの　だいおうは　そのなもいだいな
2.みなみのーしまの　だいおうは　じょおうのなまえも
3.みなみのーしまの　だいおうは　こどものなまえも
4.みなみのーしまに　すむひとは　だれでもなまえは
ファ ファ ファ ファ ファ ファ ソ　ラ ラ ラ ♭シ ラ　ソ ソ ソ ソ ソ ソ ソ ラ
ファ ド　ファ ド　ソ ド
ハメハメハ　ロマーンチックな　おうさまで
ハメハメハ　とてーもやさしい　おくさんで
ハメハメハ　がっこうぎらいの　こどもらで
ハメハメハ　おぼーえやすいが　ややこしい
ソ ファ ミ レ ド　ファ ファ ファ ファ ファ ファ ソ　ラ ラ ラ ♭シ ラ
ソ ド　ファ ド　ファ ド
かぜのすべてが　かれのうた　ほしのすべてが　かれのゆめ
あさひのあとで　おきてきて　ゆうひのまえに　ねてしまう
かぜがふいたら　ちこくして　あめがふったら　おやすみで
あうひとあうひと　ハメハメハ　だれでもだれでも　ハメハメハ
ソ ソ ソ ソ ソ ソ ラ　♭シ ラ ソ ファ ソ　ド ド ド ド ド ド ド　ド ド ミ ミ ファ
ソ ド　ソ ド　ソ ド　♭シ ファ
ハメハメハ　ハメハメハ　ハメハメハメハメ　ハ
ファ ラ ド ド ド　ソ ♭シ レ レ レ　ド ド ド レ ド ♭シ ラ ソ　ファ
ファ ド　ソ ♭シ　ド ド　ファ ファ

人気曲

あそび向き

どうしてしらんぷり

作詞：きむらゆういち
作曲：濱田理恵

ポイント
中間部で従来通りにリズムを捉えてるのは、歌詞の「やっと」に呼応して表現しています。
カバとヒナのつながりには意味がある（カバの背中の虫を食べるために、いつも背中にいる鳥がいる）ので、お話してあげましょう。

シ ソ シ ド ソ ド ♭レ ソ ♭レ レ ソ レ ♭レ ソ ♭レ ド ソ ド シ
ソ ♭シ ♭シ ソ
しらんぷり しらんぷり かばくんは
ミ ソ ソ ソ ラ ミ ソ ソ ソ ラ ラ レ レ レ
ド ソ ド ソ ♯ファ レ
しらんぷり
1.みんなであそぼって いっても
2.みんなでうたって いるときも
3.みんなでおやつを たべても
ソ ラ ソ ソ ド ソ ミ ソ ラ ラ ド ド シ（シ）（シ）ソ ラ
ソ ド ド ラ ミ ラ

みんなでおにごっこ していても
みんなでおしゃべり はじめても
みんなでわははって わらっても
やっぱりかばくん
しらんぷり
しらんぷりったら
しらんぷり
to
しらんぷり
しらんぷり
かばくんは

人気曲

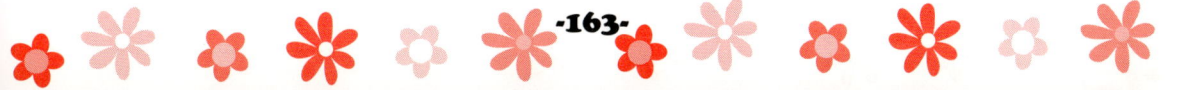

Coda
しらんぷり
D.S.
かばくん やっと
くちあけた
くちのなかから
ピィピィピィ
げんきなヒナが
かおだした
すからおちてた
たまごたち

だいじに あっためて いたんだね だからいままで
ラ ラ シ ド ソ ソ ミ ド ラ ミ レ ド ド レ レ ド レ レ ド レ
ファ ミ レ ド レ レ
しらんぷり しらんぷりったら しらんぷり
ミ ソ ソ ソ ソ ラ ラ ラ ラ ソ ミ ソ ラ ド ド ド ド
ミ ミ ファ ド ファ ド
しらんぷりったら しらんぷり しらんぷりったら
ラ ラ ラ ラ ソ ミ ソ ラ ド ド ド ド ラ ラ ラ ラ ソ ミ ソ
ファ ミ ソ ド ファ ド
しらんぷり しらんぷり
ラ ド ド ド ド ラ ド ド ド ド
ソ ソ ド ソ ソ ド

うた向き

にじ

作詞：新沢としひこ
作曲：中川ひろたか

ポイント　歌詞の意味をしっかり噛み締めて歌いましょう。三連符の少し重みを感じて、しっかり弾いてください。

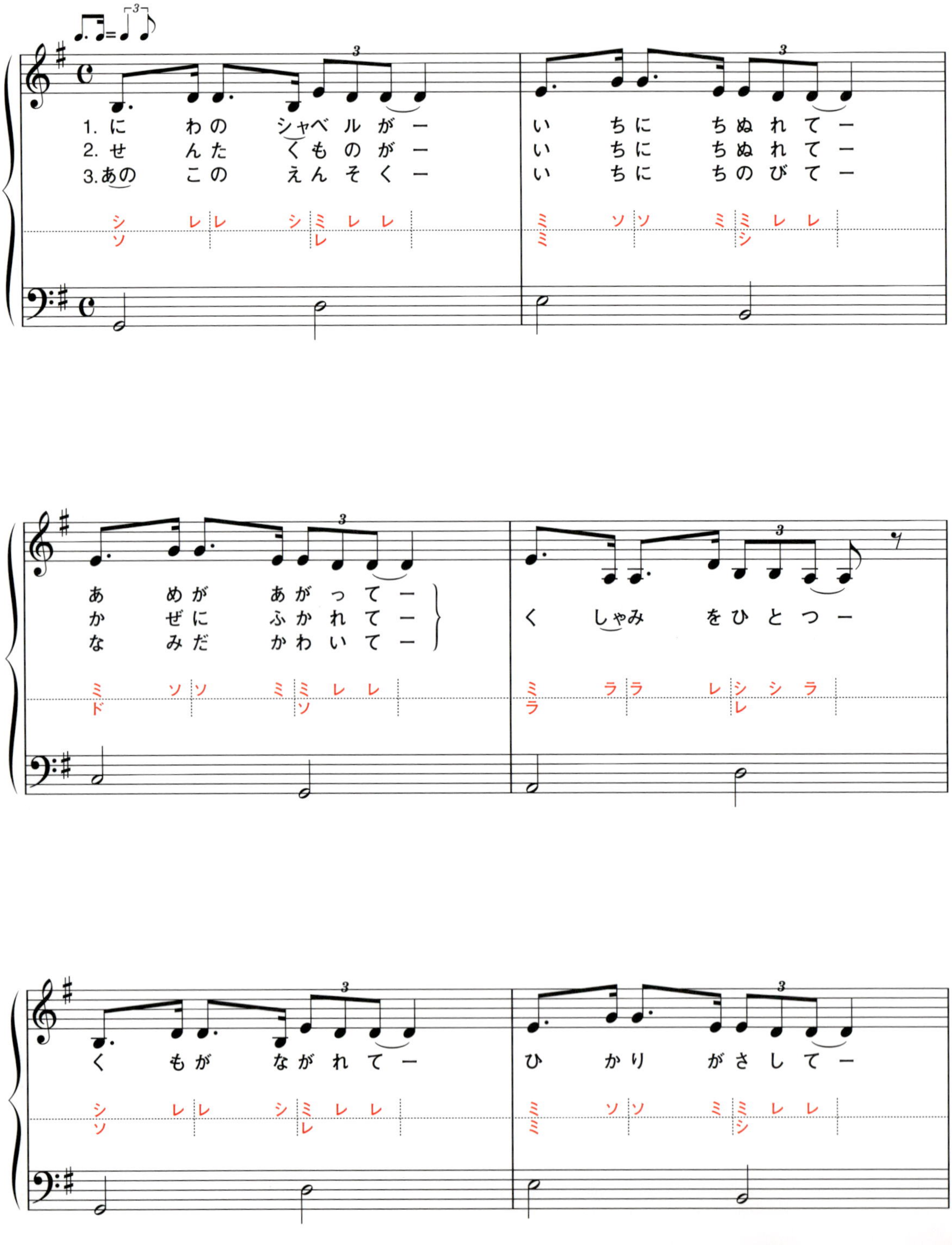

1. に わ の シャ ベ ル が ー
2. せ ん た く も の が ー
3. あ の こ の え ん そ く ー
い ち に ち ぬ れ て ー
い ち に ち ぬ れ て ー
い ち に ち の び て ー
シ レ レ シ ミ レ レ
ソ レ
ミ ソ ソ ミ ミ レ レ
ミ シ
あ め が あ が っ て ー
か ぜ に ふ か れ て ー
な み だ か わ い て ー
く しゃ み を ひ と つ ー
ミ ソ ソ ミ ミ レ レ
ド ソ
ミ ラ ラ レ シ シ ラ
ラ レ
く も が な が れ て ー
ひ か り が さ し て ー
シ レ レ シ ミ レ レ
ソ レ
ミ ソ ソ ミ ミ レ レ
ミ シ

みあげてみればー
ラララ
にじがにじがー
そらにかかってー
きみのきみのー
きぶんもはれてー
きっとあしたはー
いいてんきー
きっとあしたは
いいてんき

人気曲

振り付け向き

ひょっこりひょうたん島

作詞：井上ひさし、山元護久
作曲：宇野誠一郎

ポイント 前奏でこの曲への期待感が膨らみます。２小節目の左手は右手と同じに弾いてもよいくらいです。三連符が「チャプ」「スイ」と進む島の動きや歌う気持ちを表しています。ただ元気だけではない、ドキドキ感も表現できるとよいですね。

なみをチャプチャプ チャプチャプかきわけ
て （チャプ） （チャプ） （チャプ） くもをスイスイ
スイスイおいぬい て （スイ） （スイ） （スイ）

ひょう たんじ まは
ど こへゆ く
ぼくらをのせて
ソ ソ ソ ソ ソ ソ ソ ファ レ ファ ラ ソ ソ ソ ソ ソ ソ ソ
ソ レ ソ レ ソ レ
ど こーへ ゆ
く ーーー
ー ーーーー
ソ ファ レ ファ ラ ソ ソ ラ ソ ファ ファ ソ ファ
ソ レ ソ レ ファ ド
ー
まるい
ミ ミ レ ド シ ミ ミ ド
ミ シ ミ シ ラ
ちきゅうの
すいへいせん
に
レ レ レ ファ ミ ミ ミ ミ ミ ド レ
♭シ ラ レ ♯ファ

なにかが きっと まってい
ラ ミ ミ ミ ド レ ♭シ ファ ソ シ ファ ミ レ
るウ くるしいこ とも あるだろさ
ド ド シ ♯ソ ラ ラ ラ ミ ミ ミ ミ ミ ラ ラ ラ ミ ミ ミ
かなしいこ とも あるだろさ だけどぼくらは
レ レ レ ファ ファ ファ ファ ファ レ レ レ ファ ファ ファ ソ ソ ソ ソ ソ ソ ソ ソ
くじけない なーくのはいやだ わらっちゃお すす
♯ソ ミ ♯ソ ♯ソ ♯ソ ♯ソ ラ ♯ド ラ ラ ラ ラ ラ ラ ラ ラ ラ ラ ラ ラ ラ ラ

め
ー
ひょっ こ りひょう たん
ラ ラ ラ ソ ミ ソ シ
レ ラ レ ラ ラ
じ ま
ひょっ こ りひょう たん
じ ま
ラ ラ ラ ソ ミ ソ シ ラ ラ
♯ド ♯ド ソ ソ ラ ♯ド ♯ド ソ ソ
ひょっ こ りひょう たん
じ
ま
ラ ソ ミ ソ シ ラ ラ
ラ ラ ラ ソ ソ ラ ラ ミ ミ
ー
ー
ラ
ソ ソ ♯ド
ラ ラ ソ ソ ラ シ ラ

振り付け向き

ぼよよん行進曲

作詞：田角有里、中西圭三
作曲：中西圭三

ポイント

楽しく深いメッセージソングです。その深さはメロディの音域の広さにも表れています。４拍子を２拍子でとり、歩きたくなるよう元気に弾きましょう。

ー ゆうー きを たー め
「い まだ! スタンバイオーケー!」
そのとき を ま つ
の さー
ぴゅ 〜 〜ら〜
り 〜 〜ら〜
か ぜ がき み を よ ん でい る よ
ぴゅ 〜 〜ら〜
り 〜 〜ら ら 〜
いまこ そ!

ぼよよ よ ～ん と そ ら ー へ ー と び
よ ～ん と そ ら ー へ ー と び
ミ ミ ミ ミ♯ファ♯ソ ラ ♯ソ ラ ♯ド レ レ ♯ド
シ ♯ソ ミ ラ ミ ラ ミ ラ レ ラ レ
あ が ー っ て み よ ー う ー ほ ら あ の ー く も ま ー
あ が ー っ て み よ ー う ー ほ ら あ の ー ほ し さ ー
シ シ ♯ラ シ レ ♯ソ ♯ド レ ♯ド ♯ド シ ♯ド シ ラ
シ レ シ レ ♯ド ミ ♯ド ミ ♯ド ♯ファ ♯ド ♯ファ
で ー ー て ー が と ど き そ ー う ー ー ぼよよ
え ー ー て ー が と ど き そ ー う ー ー ぼよよ
シ ラ ラ ♯ソ ♯ファ ♯ソ ラ ♯ド シ ♯ド シ ミ♯ファ♯ソ
シ ♯ファ シ ♯ファ レ ♯ド ド シ ミ シ ミ
よ ～ん と た か ー く ー と び こ え ー て ゆ こ ー う
よ ～ん と た か ー く ー と び こ え ー て ゆ こ ー う
ラ ♯ソ ラ ♯ド レ レ ♯ド シ シ ♯ラ シ レ ♯ソ
♯ファ ♯ド ♯ファ ♯ド ♯ファ シ ♯ファ シ ♯ファ シ ♯ファ シ

ー に じ の ー ふもと ー で えー が
ー ほ し の ー しずく ー は はー じ
#ド レ #ド シ #ドミ ラ ラ #ソ
ミ レ #ド シ #ド #ファ #ド #ファ シ #ファ シ
お で ま ーーっ て る き み がい る
め て の ーあ し た へ と つづ
#ファ #ド シ ラ #ソ #ファ #ド シ ラ#ソ ラ
シ #ド レ ミ ラ ミ #ド ミ
1.
2.
ぼよよ く (ぼよよ よ〜ん yeah
ミミミミミミミ ミ#ファ#ソ ラ ラララララララ ミ#ファ#ソ ラ ミ
ミ ミ ミ ラ ミ ラ ミ ラ ラ ラ #ファ ラ #ド #ファ
yeah yeah yeah ぼよよ よ〜ん yeah yeah yeah yeah)
レ #ド シ ミ#ファ#ソ ラ ミ レ #ド シ ミ#ファ#ソ ラ ラ ラ ♭シ ラ
#ファ ラ レ #ファ #ファ ラ シ レ ミ #ソ シ レ ラ ラ ラ ファ ラ

人気曲

振り付け向き

やきいもグーチーパー

作詞：阪田寛夫
作曲：山本直純

ポイント

右手の をリズミカルに重くならないように弾くと、楽しい曲の感じが出ます。

やきいもやきいも おなかがグー
ほかほかほかほか あちちのチー たべたらなくなる
なんにもパー それやきいも まとめて グー チー パー

振り付け向き

アイアイ

作詞：相田裕美
作曲：宇野誠一郎

ポイント　4拍子でも2拍子のようにリズム感を出して弾くと、はずんだ感じが出ます。

アーイ アイ（アーイ アイ） アーイ アイ（アーイ アイ） おさ るさーんだ よ
アーイ アイ（アーイ アイ） アーイ アイ（アーイ アイ） おさ るさーんだ ね
ソ ミ ソ ミ ファ レ ファ レ ソ ソ ラ ソ ミ ド ミ ソ
ド ソ ド ソ レ ラ レ ラ ド ソ ド ソ レ ソ レ ソ
アーイ アイ（アーイ アイ） アーイ アイ（アーイ アイ） みな みのしまー の
アーイ アイ（アーイ アイ） アーイ アイ（アーイ アイ） きの はのおうー ち
ソ ミ ソ ミ ド ラ ド ラ ソ ソ ラ シ ソ ラ シ ド
ド ソ ド ソ ファ ド ファ ド レ ソ レ ソ ド ソ ド ソ
アイアイ （アイアイ） アイアイ （アイアイ） し っぽのな が い
アイアイ （アイアイ） アイアイ （アイアイ） お めめのま る い
ド ド ド ド ソ ソ ソ ソ ラ ラ ラ ラ シ ド レ
ファ ド ファ ド ミ ド ミ ド ♯ファ ド ♯ファ ド ソ ファ ミ レ
アーイ アイ（アーイ アイ） アーイ アイ（アーイ アイ） おさ るさ んだ よ
アーイ アイ（アーイ アイ） アーイ アイ（アーイ アイ） おさ るさ んだ ね
ソ ミ ソ ミ ファ レ ファ レ ソ ソ ラ シ ソ ソ ド
ド ソ ド ソ レ ラ レ ラ レ ソ レ ソ ド ソ ド

あそび向き

あめふりくまのこ

作詞：鶴見正夫
作曲：湯山 昭

ポイント 語りかけるような歌い方、ピアノの弾き方を工夫しましょう。全体的にメゾフォルテより、やや弱めに弾くとよいです。

1.おやまに あーめが ふりまし た あとから あとから ふってき て ちょろちょろ おがわが できまし た
2.いたずら くまのこ かけてき て そうっと のぞいて みてまし た さかなが いるかと みてまし た
3.なんにも いないと くまのこ は おみずを ひとくち のみまし た おててで すくって のみまし た
4.それでも どこかに いるよう で もいちど のぞいて みてまし た さかなを まちまち みてまし た
5.なかなか やまない あめでし た かさでも かぶって ましょうと あたまに はっぱを のせまし た

うた向き

うれしいひなまつり

作詞：サトウハチロー
作曲：河村光陽

ポイント　短調の曲の雰囲気を生かし、しっとり弾きましょう。

1. あ か り を　つ け ま しょ　ぼ ん ぼ り　に
2. お だ い り　さ ー ま と　お ひ な さ　ま
3. き ー ん の　びょ う ぶ に　う つ る ひ　を
ソ ソ ソ ファ　ソ ソ ド ♭ラ　ソ ソ ♭ラ ♭ラ　ソ
♭ミ ド　ソ　♭ミ ド　ソ
お は な を　あ げ ま しょ　も も の は　な
ふ ー た り　な ら ん で　す ま し が　お
か す か に　ゆ ー す る　は る の か　ぜ
♭ミ ♭ミ ♭ミ レ　♭ミ ♭ミ ソ ♭ミ　レ レ ♭ミ レ　ド
♭ミ ド　ソ　シ ソ　ド
ご ー に ん　ば や ー し の　ふ え た い　こ
お よ め に　い ら ー し た　ね え さ ま　に
す ー こ し　し ろ ー ざ け　め さ れ た　か
ド ド ド レ　ド ♭ラ ソ ♭ミ ♭ミ　ソ ソ ド ♭ラ　ソ
♭ラ ファ　ド　♭ミ ド　ソ
きょ ー う は　た の し い　ひ な ま つ　り
よ く に た　か ん じょ の　し ろ い か　お
あ ー か い　お か お の　う だ い じ　ん
♭ミ ♭ミ レ ド　レ ♭ミ ソ ド　♭ラ ソ ♭ミ レ　ド
♭ミ ド　ソ　♭ラ ファ　ド

定番曲

振り付け向き

あわてんぼうのサンタクロース

作詞：吉岡治
作曲：小林亜星

ポイント 少し長めの曲ですので、1・3・5番と歌ってみたり、テンポを速くしたりしてみましょう。2、3歳児ですと、5番の最後の擬音が歌いにくいので、歌詞を簡単にしてあげましょう。

1.～5.あ わ てん ぼう の サ ン タ ク ロ ー
ド ファ ラ ソ ファ ファ ソ ファ ファ ファ レ
ファ ド ファ ド ファ ド ファ ド ファ ♭シ ファ ♭シ
ス
ク リ ス マ ス ま え に や っ て き た い そ い で リン リン リン い そ
え ん と つ の ぞ い て お っ こ ち た あ い た た ドン ドン ドン あ い
し か た が な い か ら お ど っ た よ た の し く チャ チャ チャ た の
も い ち ど く る よ と か え っ て く さ よ な ら シャラ ラン ラン さ よ
ゆ か い な お ひ げ の お じ い さ ん リン リン リ ン チャ チャ チャ ドン ドン
ド ド ド ファ ファ ファ ラ ド ラ ソ ソ ラ ファ
ファ ド ファ ド ファ ド ファ ド ファ ド ファ シ ファ シ
ソ ド ファ ラ ラ ラ ソ ファ ファ ファ
ド ♭シ ファ ド ファ ド ファ ド ファ ド

い で リン リン リン な ら し て お く
た た ドン ドン ドン ま っ く ろ く ろ
し く チャ チャ チャ み ん な も お ど
な ら シャラ ラン ラン タン ブ リ ン な ら
ド ン シャ ラン ラン わ す れ ちゃ だ め
♭シ ♭シ ♭シ ド レ レ レ ド ド ラ ド
ファ ♭シ ファ ♭シ ファ シ ファ ド ファ ド
れ よ か ね を ー リン リン リン リン リン
け の お か お ー ドン ドン ドン ドン ドン
ろ よ ぼ く と ー チャ チャ チャ チャ チャ
し て き え た ー シャラ ラン ラン シャラ ラン
だ よ お も ちゃ ー シャラ ラン リン チャ チャ
♭シ ♭シ ラ ソ ファ レ レ ド ラ ド
ソ ド ソ ド ファ ド ファ ド ファ ファ ド ファ ド
1.2.3.4.
5.
リン リン リン リン
ドン ドン ドン ドン
チャ チャ チャ チャ
ラン シャラ ラン ラン
チャ ドン シャラ
ラン
♭シ ラ ソ ファ ファ ファ ド ラ
ソ ド ソ ド ファ ド ファ ド ファ ド ファ ファ

定番曲

あそび向き

おはながわらった

作詞：保富庚午
作曲：湯山 昭

ポイント　前奏部分の16分音符をやさしく音の粒をそろえて弾くと、この曲の愛らしい感じが出ます。

うた向き

こいのぼり

作詞：近藤宮子
作曲：不詳

ポイント　左手9小節目でポジションが変わります。指使いを工夫しましょう。また、曲と連動してこいのぼりを作って、眺めながら歌うと、達成感を味わえることと思います。

定番曲

あそび向き

おなかのへるうた

作詞：阪田寛夫
作曲：大中 恩

ポイント

♫のリズムがこの曲の楽しさを表しています。リズムが崩れないように注意しましょう。

定番曲

振り付け向き

しゃぼんだま

作詞：野口雨情
作曲：中山晋平

ポイント

「しゃぼんだま」の消えていくはかなさを出すために、優しさを出して歌いましょう。最後の「かぜかぜふくな」は気持ちを込めて歌います。

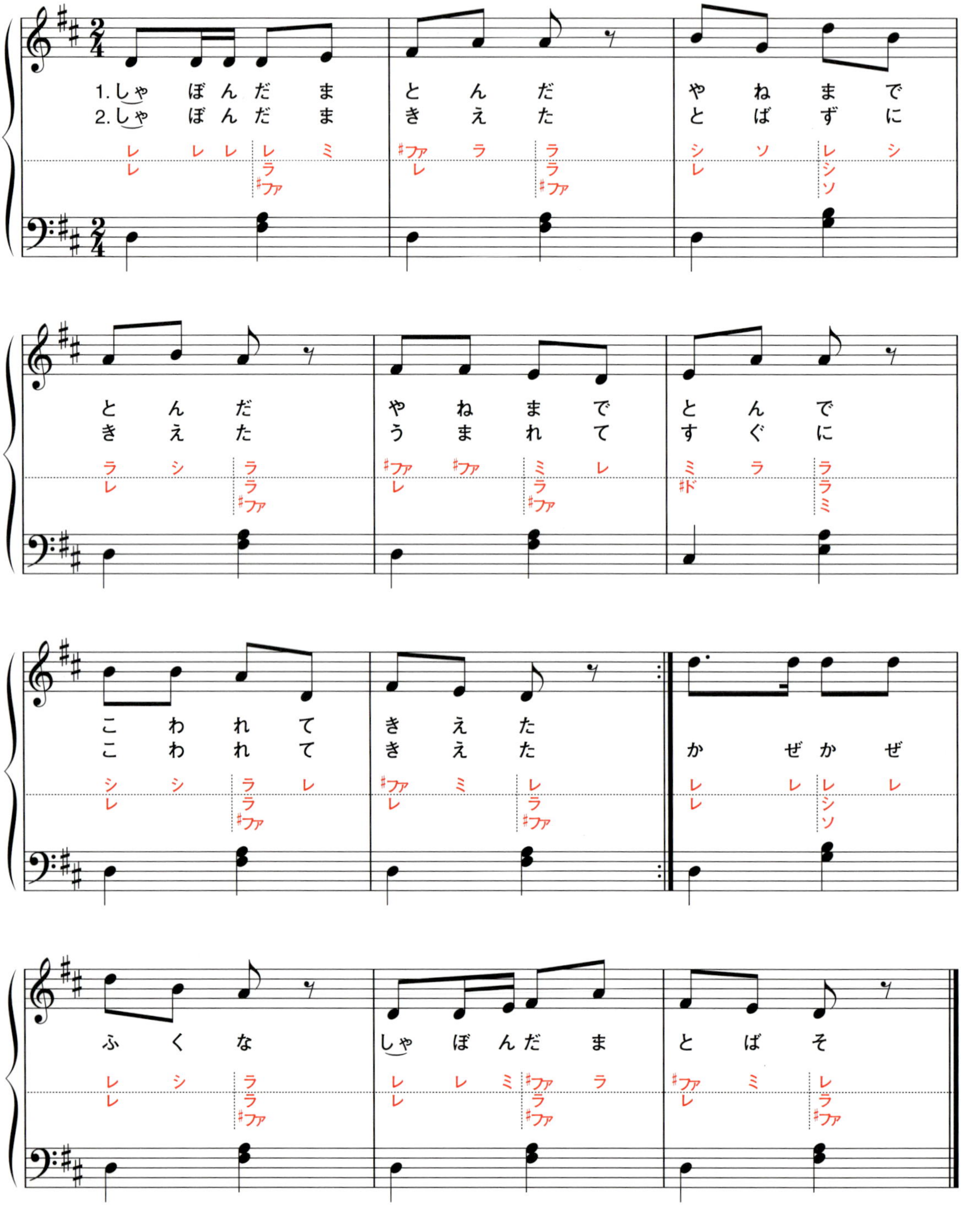

あそび向き

すうじのうた

作詞：夢 虹二
作曲：小谷 肇

ポイント

「なあに」の「な」は♩..なので、ためて歌うと考えている感じが表現されます。

1. すうじの いちは なあに
2. すうじの にーは なあに
3. すうじの さんは なあに
4. すうじの しーは なあに
5. すうじの ごーは なあに
6. すうじの ろくは なあに
7. すうじの しちは なあに
8. すうじの はちは なあに
9. すうじの きゅうは なあに
10. すうじの じゅうは なあに
ド レ ミ ファ ソ ソ ソ ラ ミ ソ
ド ソ ミ ソ ラ ミ ド ソ

こうばの えんとーつ
おいけの がちょーう
あかちゃんの おみーみ
かかしの ゆみーや
おうちの かぎーよ
たぬきの おなーか
こわれた ラッーパ
たーなの だるーま
おーたま じゃくーし
えんとつと おつきさま
ド ド シ ラ ソ ラ シ ド ソ ♯ファ ソ ド ド
ド ソ ファ ソ ド ソ ド
3

定番曲

あそび向き

たきび

作詞：巽 聖歌
作曲：渡辺 茂

ポイント あそびとして、階名で歌ってみましょう。次に四分音符を両手でリズム打ちをしながら、階名でもう一度歌ってみましょう。

1. か き ね の か き ね の ま が り か ど
2. さ ざ ん か さ ざ ん か さ い た み ち
3. こ が ら し こ が ら し さ む い み ち
ソ ラ ソ ミ ソ ラ ソ ミ ド レ ミ ミ レ
ド ソ ド ソ
た き び だ た き び だ お ち ば た き
ミ ソ ソ ソ ラ ド ド ド ソ ラ ミ レ ド
ド ファ ソ ド
あ た ろ う か あ た ろ う よ
レ ミ ファ ミ レ ミ ソ ソ ミ ソ
ソ ソ ド ソ
き た か ぜ ぴ い ぷ う ふ い て い る
し も や け お て て が も う か ゆ い
そ う だ ん し な が ら あ る い て る
ド ド ド ラ ソ ソ ド ド ミ ミ レ レ ド
ド ソ ド (ド)

振り付け向き

とんぼのめがね

作詞：額賀誠志
作曲：平井康三郎

ポイント 左手の伴奏に動きが出ます。特に9～12小節は、とんぼの飛んでいる様子をイメージしながら弾きましょう。

1. と ん ぼ の め が ね は み ず い ろ め が ね
2. と ん ぼ の め が ね は ぴ か ぴ か め が ね
3. と ん ぼ の め が ね は あ か い ろ め が ね
ド ド ミ ミ レ レ ド レ ミ ミ ソ ソ ラ ソ ソ
ド ソ シ ソ ド ソ ファ ミ
あ ー お い お そ ら を と ん だ か ら
お て ん と さ ー ま を み て た か ら
ゆ う や け ぐ ー も を と ん だ か ら
ド ド ド ラ ソ ラ ソ ソ ミ ミ レ ド レ
ファ ド ミ ド ド ミ ソ ファ
と ん だ か ら ー
み て た か ら ー
と ん だ か ら ー
ミ ソ ラ ソ ド ド
ド ミ ファ ソ ド ソ ド

定番曲

振り付け向き

はなび

作詞：井上 赳
作曲：下総皖一

ポイント

歌詞の「ドン！」で、左手は大きな音を表現しましょう。

あそび向き

やおやのおみせ

作詞：不詳
フランス民謡

ポイント　あそびとして、野菜の名前をこどもたちに挙げてもらいましょう。嫌いな野菜の時はがっかりした顔をするなど、表情を付けながら歌うと楽しくできます。

1.～3. や お や の お み せ に な ら ん だ
ファ ソ ラ ラ ソ ファ ソ ラ ファ ファ ド ド
ファ ド ラ ド ド ♭シ ファ ラ
し な も の み て ご ら ん
ファ ソ ラ ラ ソ ファ ソ ラ ファ
ファ ド ラ ド ド ♭シ ファ ラ
よ く み て ご ら ん かん が え て ご ら ん
ファ ファ ファ ラ ド ド ド ド レ ド ♭シ ラ ソ ファ
ファ ド ラ ド ド ♭シ ファ ラ
トマト
カボチャ
とうもろこし など
アー
ド ド ド ド ド ド ド
ド ♭シ ミ ♭シ ド ♭シ ラ ソ

定番曲

振り付け向き

てをつなごう

作詞：中川李枝子
作曲：諸井 誠

ポイント
右手の と のリズムをしっかりと分けて弾くと、曲にメリハリがつきます。3カッコ部分はゆっくりと弾きましょう。

1.～3.
て を つ な ご う み ん な で て を つ な ご う
ラ ソ #ファ ソ ラ ラ シ ラ ソ #ファ ミ
レ ラ #ファ ラ レ ラ #ファ ラ
レ ミ #ファ
レ ラ #ファ ラ
1. ほ ー ら ほ ー ら お お き な
2. ほ ー ら ほ ー ら お お き な
3. ほ ー ら ほ ー ら お お き な
ソ #ファ ミ #ファ シ ラ ラ レ #ド シ
ミ シ レ ラ レ ラ
お な べ が で き ま し た
お い け が で き ま し た
お は な が で き ま し た
ラ シ ラ #ファ レ ミ #ファ ミ レ ラ
#ファ ラ ソ シ レ ラ
1.2.
ま あ る い
あ ー か い
ミ #ファ ソ ミ
ソ シ

まめが ポンポン ポン おなべの なかで
きんぎょ ヒラヒラ ヒラ おいけの なかで
♯ファ シ ラ ソ ♯ファ ミ ♯ファ ソ ラ シ ラ ラ レ
レ ラ ソ シ ソ シ レ ラ ♯ファ ラ
はねまし た
およいで る
3.
ゆうやけ こやけ にしのそ
♯ファ ソ ミ ミ レ ラ ラ シ ラ ラ ラ レ ミ ♯ファ ソ
レ ラ ♯ファ レ ♯ファ レ ソ ミ
ら おはなは みんな めをとじ る
ミ ファ ソ ラ シ ラ レ ♯ド シ ♯ド ♯ド レ
ラ ♯ファ ラ ミ レ レ

あそび向き

森のくまさん

作詞：馬場祥弘
アメリカ民謡

ポイント　曲の元気な感じを出すために、左手の伴奏は軽く弾きましょう。

1. あ る ー ひ もり の な
の いう こ と
が くま さ ん
ん おま ち な
さん あり が と
ソ ♯ファ ソ ミ ミ ♯レ ミ
ド ソ ド ソ
か くま さ ん に
にゃ おじょ う さ ん
が あ と か ら
さい ちょ と ー っ と
う お れ い に
ド ミ レ ド レ
ド ソ ド ソ レ ソ
で あ っ た はな さ く
おに げ な さい スタ コ ラ
つい て く る トコ ト コ
おと し も の しら ら ら
うた い ま しょう ララ ラ ラ
ソ ラ ソ ミ ソ ラ シ
レ ソ ド ソ レ ソ

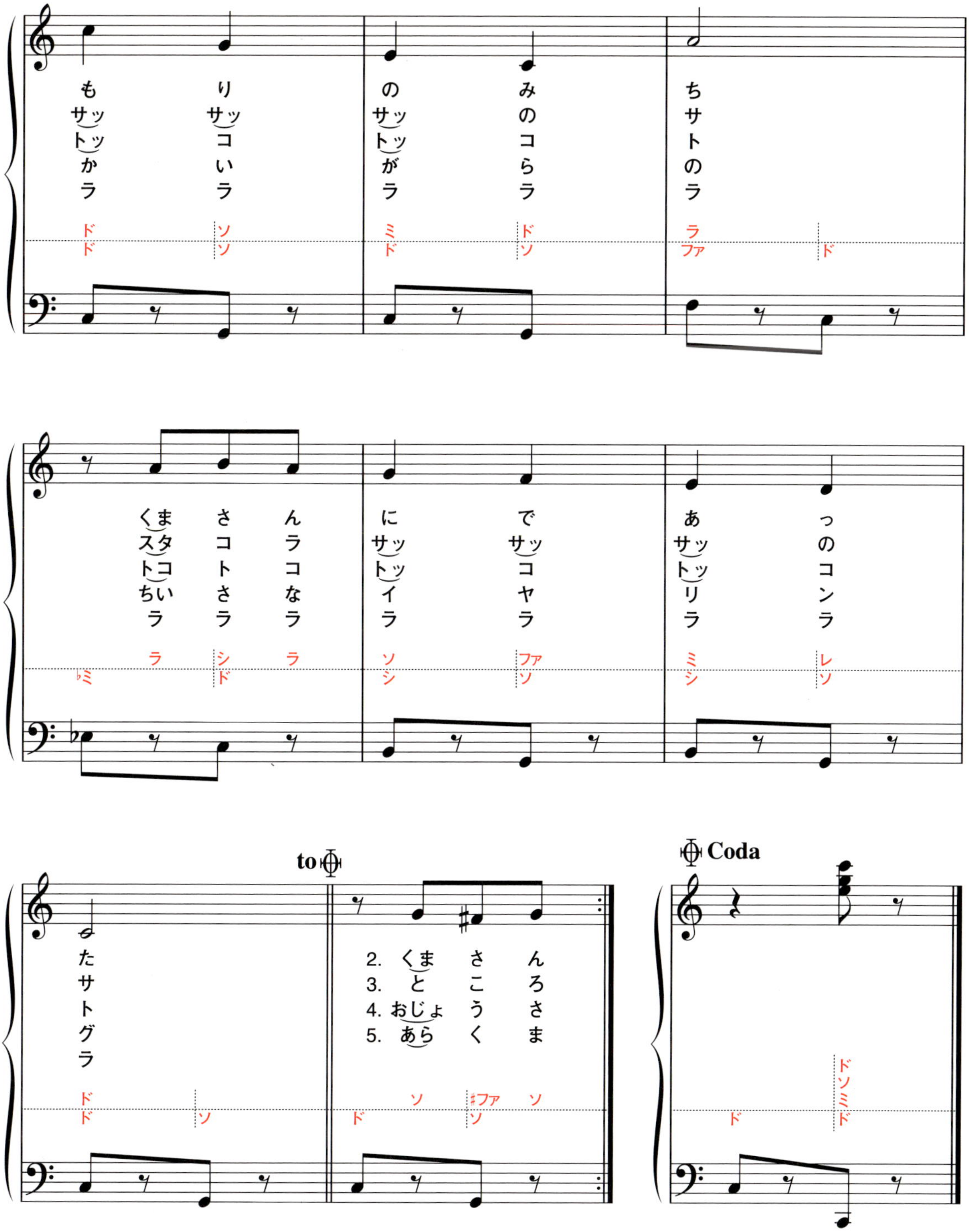
もりのみち
サッサッサッのサ
トッコトッコト
かいがらの
ラララララ
くまさんにであっ
スタコラサッサッサッの
トコトコトッコトッコ
ちいさなイヤリン
ラララララララ
た
サ
ト
グ
ラ
to
2. くま さ ん
3. と こ ろ
4. おじょ う さ
5. あら く ま
Coda
ド ド ソ ソ
ミ ド ド ソ
ラ ファ ド
♭ミ ラ シ ド ラ
ソ シ ファ ソ
ミ シ レ ソ
ド ド ソ
ド ソ ♯ファ ソ ソ
ド ドソミド

定番曲

あそび向き

やぎさんゆうびん

作詞：まどみちお
作曲：團 伊玖磨

ポイント ゆったりとした曲ですので、♪♫ははずむように弾くより、むしろ丁寧に弾くように心がけましょう。

1. しろやぎ さんから おてがみ ついた
2. くろやぎ さんから おてがみ ついた
くろやぎ さんたら よまずに たべた
しろやぎ さんたら よまずに たべた
しかたが ないので おてがみ かいた
さっきの てがみの ごようじ なあに

あそび向き

ゆき

文部省唱歌

ポイント メロディの ♫ と ♫ の差をしっかり出しましょう。「こんこ」の歌詞を「こんこん」とならないように気をつけましょう。

1.2. ゆ ーき や こん こ あ られ や こん こ
ド レ ド レ ド ラ ラ ♭シ ラ ♭シ ラ ファ
ファ ド ファ ド ファ ド ファ ド
ラ ラ ラ ラ
ふっ て は ふっ て は ず んず ん つ もる
ふっ て も ふっ て も ま だふ り や まぬ
ラ ファ ソ ラ ファ ソ ラ ♭シ ド ド ソ ラ ソ
ファ ド ファ ド ファ ド ド ド
ラ ラ ラ ♭シ
や ーま も の は ら も わ たぼう し か ぶ り
い ーぬ は よ ろ こ び に わか け ま わ り
ド レ ド レ ド ド ラ ラ ラ ♭シ ラ ♭シ ラ ラ ファ
ファ ド ファ ド ファ ド ファ ド
ラ ラ ラ ラ
か れ き の こ ら ず は な が さ く
ね こ は こ た つ で ま る く な る
レ ド ラ ド ド ラ ファ ラ ラ ソ ソ ファ
ファ レ ファ ド ド ド ラ
♭シ ラ ♭シ ファ

定番曲

あそび向き

あくしゅでこんにちは

作詞：まどみちお
作曲：渡辺 茂

ポイント

クラス全員と握手できるまで、毎日続けてください。とても良いコミュニケーションがとれます。

1. て く て く て く て く あ る い て き て あ く しゅ で こん にち は ご き げん い かが ーー
2. も にゃ も にゃ も にゃ も にゃ お は な し し て あ く しゅ で さよ うな ら ま た ま た あし た ーー
ソ ファ ミ ファ ソ ファ ミ ファ ソ ラ ソ ファ ミ ミ ファ ミ レ ド レ レ ソ ミ ミ ミ ミ レ レ ド ソ
ド ソ ド ソ シ ソ シ ソ ド ソ ド (ド)ソ

あそび向き

せんろはつづくよどこまでも

作詞：佐木 敏
アメリカ民謡

ポイント

この曲を弾きながらあそんでみましょう。大きな1つの輪になります。一方向に回りながら、四分のリズムに合わせて歩きます。手拍子しながらできると尚よいですね。

1.せ んろ はつ づ く よ ど こま で も
2.せ んろ はう た う よ い つま で も
の をこ えや ま こ え た にこ え て
れー っしゃ のひ び き を お いか け て
は る か なま ち ま で ぼ く た ち の
リ ズ ム にあ わ せ て ぼ く た ち も
た のし いた び の ゆめ つ ない で る
た のし いた び の うた う たお う よ

定番曲

振り付け向き

ふしぎなポケット

作詞：まどみちお
作曲：渡辺 茂

ポイント

3番はテンポをゆっくりにして、心を込めて歌いましょう。

あそび向き

山の音楽家

作詞：水田詩仙
ドイツ民謡

ポイント メロディ、伴奏ともにテンポよく楽しく弾きましょう。擬音は少し強めに弾いてもよいでしょう。

1. わたしゃおんがくかやまのこりす　じょうずにヴァイオリンひいてみましょう　キュキュキュキュキュキュキュキュキュキュキュキュ　キュキュキュキュキュキュキュキュいかーがです
2. わたしゃおんがくかやまのことり　じょうずにフルートふいてみましょう　ピピピピピピピピピピピピ　ピピピピピピピピいかーがです
3. わたしゃおんがくかやまのたぬき　じょうずにたいこをたたいてみましょう　ポコポンポンポンポコポンポンポンポコ　ポンポンポンポコポンポンポンいかーがです

定番曲

あそび向き

手のひらを太陽に

作詞：やなせたかし
作曲：いずみたく

ポイント
弾きながらあそびましょう。大きな輪になり、一方向に回りながら四分のリズムに合わせて歩き、手拍子をします。同じ動きをしながら今度は円の中心に集まり、次に元の輪に戻ります。
また、「みみずだって おけらだって～」の歌詞をみんなで考えて、替え歌にしても楽しいですね。

1.ぼくらはみんな いきている いきているから
2.ぼくらはみんな いきている いきているから
うたうんだ ぼくらはみんな いきている
わらうんだ ぼくらはみんな いきている
いきているから かなしいんだ
いきているから うれしいんだ
てのひらを
たいように すかしてみれ ば

まっ か に な が れ る ぼ く の ち し
ド レ ド ♭シ ♭シ ♭シ ソ ファ ミ ファ ソ ラ
♭ラ ♭ミ ♭ラ ♭ミ ソ ♭ミ ソ ♭ミ ファ ド ファ ド
お ー み み ず だっ て お け ら だっ て
と ん ぼ だっ て か え る だっ て
♭シ ♭シ ♭シ ♭シ ソ ♭ミ ♭シ ♭シ ♭シ ♭ラ ファ
ファ ♭シ ファ ♭シ ♭ミ ♭シ ♭ミ ♭シ ファ ♭シ ファ ♭シ
あ め ん ぼ だっ て
み つ ば ち だっ て
み ん な み ん な
♭シ ド ♭シ ド ♭シ ソ ♭ラ ♭ラ ♭ラ ソ ソ ソ
ファ ♭シ ファ ♭シ ♭ミ ♭シ ♭ミ ♭シ ファ ド ♭ミ ♭シ
い き て い る ん だ と も だ ち な ん だ
ファ ファ ファ ソ ソ ♭ミ ♭ミ ♭シ ♭シ ♭シ ♭シ ド レ ♭ミ
ファ ♭シ ♭ミ ♭シ ファ ♭シ ファ ♭シ ♭ミ ♭シ ♭ミ

振り付け向き

とんでったバナナ

作詞：片岡 輝
作曲：桜井 順

ポイント

左手の♩♫のリズムがワクワク感を出しています。強調して弾きましょう。

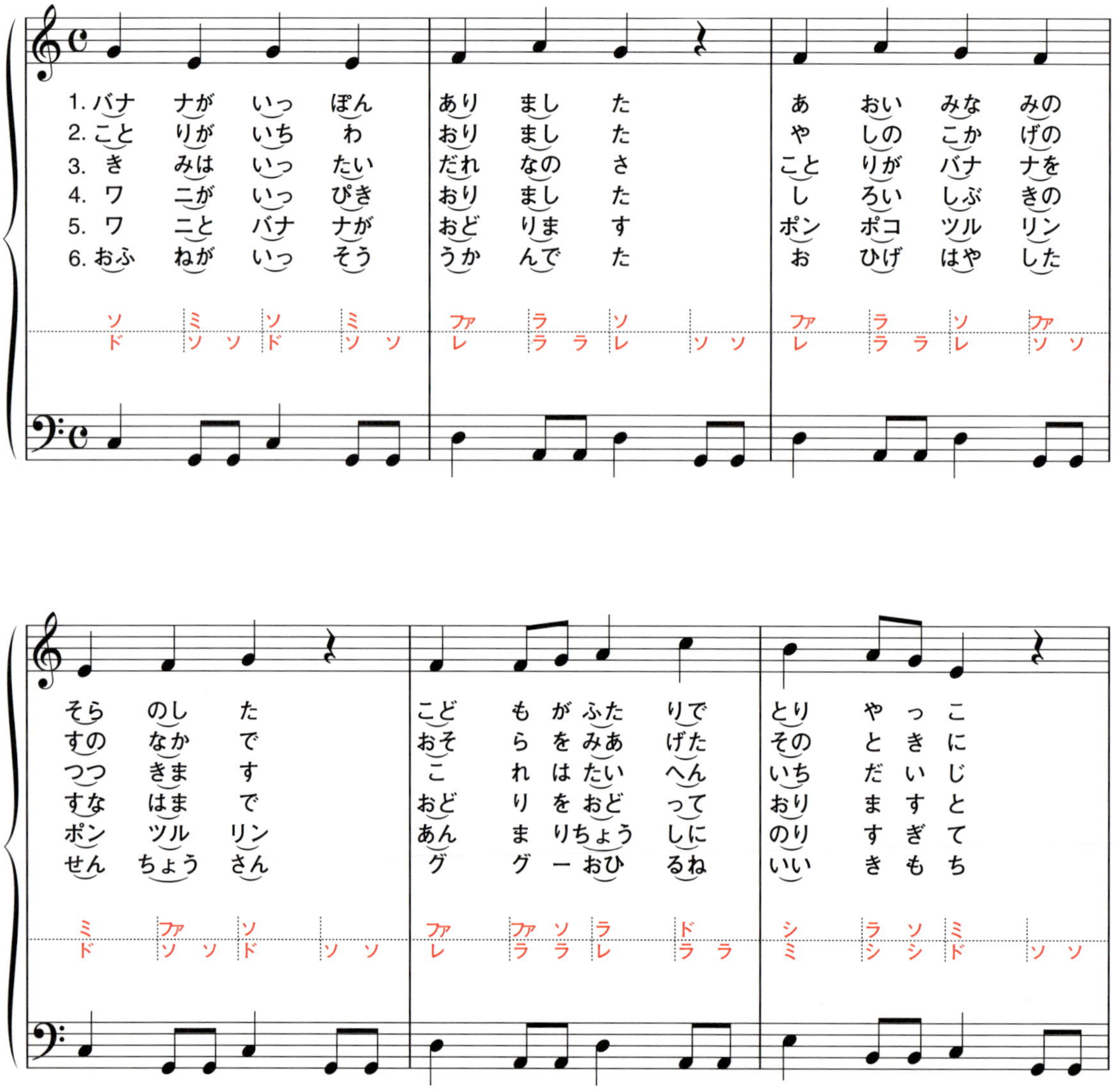
1. バナナがいっぽん ありました あおいみなみの そらのした こどもがふたりで とりやっこ
2. ことりがいちわ おりました やしのこかげの すのなかです おそらをみあげた そのときに
3. きみはいったい だれなのさ ことりがバナナを つつきます これはたいへん いちだいじ
4. ワニがいっぴき おりました しろいしぶきの すなはまで おどりをおどって おりますと
5. ワニとバナナが おどります ポンポコツルリン ポンツルリン あんまりちょうしに のりすぎて
6. おふねがいっそう うかんでた おひげはやした せんちょうさん ググーおひるね いいきもち
ソ ミ ソ ミ ファ ラ ソ ファ ラ ソ ファ
ド ソ ソ ド ソ ソ レ ラ ラ レ ソ ソ レ ラ ラ レ ソ ソ
ミ ファ ソ ファ ファ ソ ラ ド シ ラ ソ ミ
ド ソ ソ ド ソ ソ レ ラ ラ レ ラ ラ ミ シ シ ド ソ ソ

バナナはツルンと とんでった バナナはどこへ いったかな
バナナはツルンと とびこんだ はねもないのに ふんわりこ
バナナはツルンと にげだした たべられちゃうなんて やなこった
バナナはツルンと とんできた おひさまにこにこ いいてんき
バナナはツルンと とんでった バナナはどこへ いったかな
おくちをポカンと あけてたら バナナがスポンと とびこんだ
to ⊕
バナナンバナナン バナーナ
⊕ Coda
モグモグモグモグ たべちゃった たべちゃった たべちゃった

定番曲

発表会用

さんぽ～3段譜ver.～

作詞：中川李枝子
作曲：久石 譲

ポイント

前奏にバグパイプをイメージして音を入れてあります。また、曲の不思議議感も感じながら弾いてみると、より良くなります。
曲全体の三連符がのどかな情景を出しています。中間部は情景を思い起こすように音符が長めになっています。より、ゆったり演出しましょう。

わたしは げんき あるくのー だいす
ミ ミ ミ ミ
ド ド ド ド
ド シ ラ ♯ファ
ファ ファ ファ ファ
シ シ シ シ
ソ レ ソ レ
ファ ファ ファ ファ
ド ド ド ド
ド ファ ド ファ
き どんどんいこ う
ソ ソ ソ ソ
ミ ミ ミ ミ
シ ミ シ ミ
ファ ファ ソ ソ
ド ド ファ ファ
レ ソ シ ソ
ド ド ド
ミ ミ ミ ドミソ
ド ソ ド
さかみちー トンネルー くさーっぱら
みつばちー ぶんぶんー はなばたけ
きつねもー たぬきもー でておいで
♭ラ ♭ラ
ファ ファ
ファ ド ファ ド
ソ ソ
ミ ミ
ミ ド ミ ド
ファ ファ
レ レ
ファ ド ファ ド

ー いっ ぼ んば し に ー で こ ぼ
ー ひな た にと か げ ー へ び は
ー たん け んし よ う ー は や し
ミ ミ ミ ファ ファ
ド ド ド ド ド
ソ ファ ミ レ ミ ラ ミ ラ ファ ド ファ ド
to
こ じゃ り み ち く もの す く ぐっ て
ひ る ね ばっ た が と ん ー で
の お く ま で
♯ファ ♮ファ ソ ミ ミ ミ ミ
ド ド シ ド ド ド ド
レ ミ ファ ♯ファ ソ ♮ファ ミ レ ド ソ ド ソ
ー く だ り み ち
ー ま が り み ち
ソ ラ シ ド
ミ ファ ファ ミ
シ ミ シ ファ ソ ド ソ ド
D.S.

Coda
ともだちたくさん うれしい
な ともだちたくさん うれしい
な ー

発表会用

さよならぼくたちのほいくえん～3段譜ver.～

作詞：新沢としひこ
作曲：島筒英夫

ポイント

感情を入れて弾きたくなる名曲です。前奏は遥かなる思いを呼び起こすように、遠くへ音を投げ掛けるように弾きましょう。16分音符や付点音符も丁寧に歌詞を尊重して弾きましょう。
前半は少し気持ちを抑えていった方が曲にメリハリが出ます。2カッコでのサビがピークとなるように曲を組み立てましょう。

んど かぜをひいて たくさん のともだち
っと わすーれない たくさん のともだち
ソ ソ ソ ソ ソ ソ ラ シ シ シ シ
ミ ド ミ ド ミ #ド ミ #ド ミ #ド ミ ド #ファ ソ レ ソ レ ソ レ ソ レ
ド ラ レ レ ソ ソ
と ここで あそんできたね ど
と ここで あそんできたね み
シ シ シ シ シ シ シ シ シ シ シ シ
ソ レ ソ レ ソ レ ソ レ ソ ミ ソ ミ ソ ミ ソ ミ #ファ レ #ファ レ #ファ レ #ファ レ
ソ ソ ミ ミ シ シ
こで はしって どこで ころんで どこで ケンカをし
ずー あそびも ゆきー だるまも ずっと わすーれな
ソ ソ ラ ラ シ シ シ シ ソ ソ ソ ソ
ミ ド ミ ド #ファ レ #ファ レ #ファ レ #ファ レ ソ ミ ソ ミ ミ ド ミ ド ミ #ド ミ #ド
ド レ シ ミ ド ラ

発表会ソング

て　さよならぼくたちの　ほいくえん　ぼく
い　さよならぼくたちの　ほいくえん　ぼく
たちのあそんだにわー　さくらのはなーびら
たちのあそんだにわー　このつぎあそーびに
1.
ふるころは　ランドセルのーいちねんせい　2.たくさ
くるときは　ランドセルのーいちねん

2.
せい
さよならぼくたちの
ほいくえん
ぼくたちのあそんだに
わー
さくらのはなーびら
ふるころは
ランドセルのーいちねん
rit.
せい

発表会用

世界中のこどもたちが～3段譜ver.～

作詞：新沢としひこ
作曲：中川ひろたか

ポイント

こどもらしさの中、毅然と歌う名曲です。左手のリズムが曲を支えています。テンポが速くなり、くずれないようにしっかり弾きましょう。4拍子ですが、行進したくなるリズムです。2拍子にまとめましょう。
中間部は「～ゆめを」「～こえを」「～はなを」と先へ先へと進み、伝えたい思いを表現しています。が、各々その後にすぐ歌の息つぎが入ります。こどもたちと歌い、タイミングをしっかり練習しましょう。

to
1.
ろ う ラ ラ ラ う み も わ ら う だ ろう 2.せ か い
ろ う ラ ラ ラ う み も な く だ ろ
ろ う ラ ラ ラ う み も う た う だ
ソ ♯ファ レ レ レ ミ ♯レ ミ ソ ♯ファ ソ ラ ソ ♮レ ミ ♯ファ
ラ ラ ラ ラ ミ ミ ♯ファ ♯ファ シ シ シ シ
レ レ レ レ ド ド レ レ ソ ソ ソ ソ
2.
う ひ ろ げ よ う ぼ く ら の ゆ め を と ど け
ソ シ シ シ シ ♯ファ シ シ シ ラ ソ ♯ファ ミ ラ ラ ラ
シ シ シ ♯レ ♯ファ ♯レ ♯ファ ソ シ ソ シ
ソ ソ ソ シ シ ミ ミ
よ う ぼ く ら の こ え を さ か せ よ う ぼ く ら の
ラ ミ ラ ラ ラ ソ ♯ファ ミ レ シ シ シ シ ♯ファ シ シ シ ラ
ミ ラ ミ ラ ♯ファ ラ ♯ファ ♯レ ♯ファ ♯レ ♯ファ
♯ド ♯ド レ レ シ シ

はなをせかいに　にじをかけよう　3.せかい
ソ ♯ファ ミ ラ ラ ラ ラ ラ ラ ラ シ ♯ド レ レ レ レ レ レ ミ ♯ファ
ソ シ ソ ソ ミ ラ ミ ラ ラ ラ ラ
ミ ミ ♯ド ♯ド ♯ファ ♯ファ ♯ファ
D.S.
Coda
ろう
ソ レ レ レ ミ ♯レ ミ ラ
シ シ シ ミ ミ ミ ミ ミ ミ ミ ミ
ソ ソ ソ ド ド ド ド ド ド ド ド
ソ ソ ソ ソ
レ レ レ レ
ソ ソ ♯ファ ミ レ ド シ ラ ソ シ シ シ シ
シ シ シ シ ソ ソ ソ
ソ ソ ソ ソ

発表会用

宇宙戦艦ヤマト〜合奏譜ver.〜

作詞：阿久 悠
作曲：宮川 泰

ポイント

壮大かつ颯爽と演奏しましょう。
全体を通してフォルテ、中間部がややメゾフォルテ、そして後半へ向かいフォルテから最後の終止部はフォルティッシモでクライマックスを盛り上げます。
最後の小節の三連符は、できるこどもはピアノの伴奏と同じリズムで打ってみましょう。

★合奏譜（P.217〜236）の見方★

●使用楽器

曲のはじめに曲内で使用される楽器がまとめて表記してあります。また1段目以降の楽譜には、楽譜左端にパートの楽器がアイコンで表記されています。

●構成人数

掲載されている人数は最低人数の目安です。必ずしもこちらに合わせる必要はありません。園の規模、園児の状況に合わせて御活用ください。

使用楽器：

鉄琴 ×2〜	鍵盤ハーモニカ ×5〜	鈴 ×2〜	カスタネット ×2〜	小太鼓 ×2〜
木琴 ×2〜	シンバル ×1〜	タンバリン ×3〜	トライアングル ×2〜	大太鼓 ×1〜

1. さら ばーちきゅう よ たび
ばーちきゅう よ あい

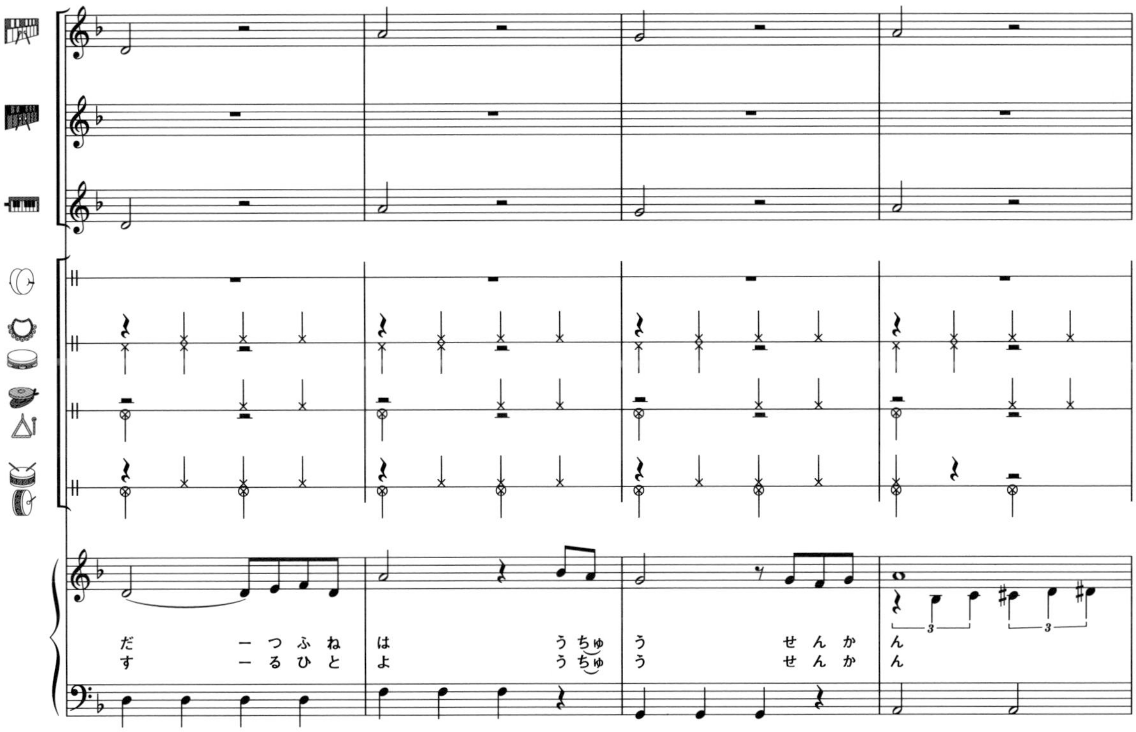
だ ー つ ふ ね は う ちゅ う せ ん か ん
す ー る ひ と よ う ちゅ う せ ん か ん

ヤ マ ト
ヤ マ ト

うちゅうのかなた イスカンダルへ うんめいせおい
ちきゅうをすくう しめいをおびて たたかうおとこ
いまとびたー つ かな ら ーずここ へ かえ
もえるロマー ン だれ か ーがこれ を やら

っ ー て く る と て を ふ る ー ー ひ と ー に え が
ね ー ば な ら ぬ き た い の ー ー ひ と ー が お れ
お で こ た ー え
た ち な ら ー ば

ぎ んが を は な れ
イ スカ ン ダ ル へ
は る ば る
の ぞ ー む
う ちゅ う せん かん
ヤ マ

発表会ソング

発表会用

ビリーブ～合奏譜ver.～

作詞・作曲：杉本竜一

ポイント

メロディを鉄琴、木琴、鍵盤ハーモニカの順に演奏します。演奏を待っている間、心の中で歌って演奏する際にスムーズにつなげられるようにしましょう。
「♪アイビリーブ～」がサビです。歌詞の内容から考えると打楽器は深い音が求められます。前に押し出すような打ち方で表現しましょう。

使用楽器：

鉄琴 ×1～	鍵盤ハーモニカ ×5～	鈴 ×2～	カスタネット ×2～	小太鼓 ×1～
木琴 ×1～	シンバル ×1～	タンバリン ×2～	トライアングル ×1～	大太鼓 ×1～

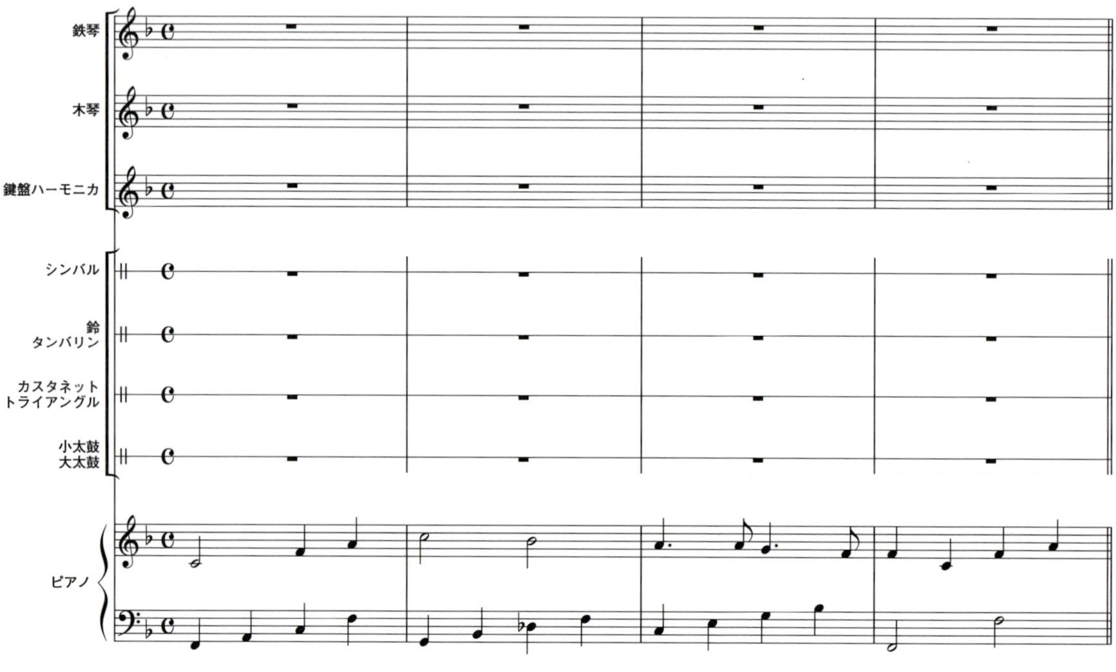

1. たとえばきみがー　きずついて　くじけそうに　なったときは
2. もしもだれかがき　みのそばで　なきだしそうに　なったときは

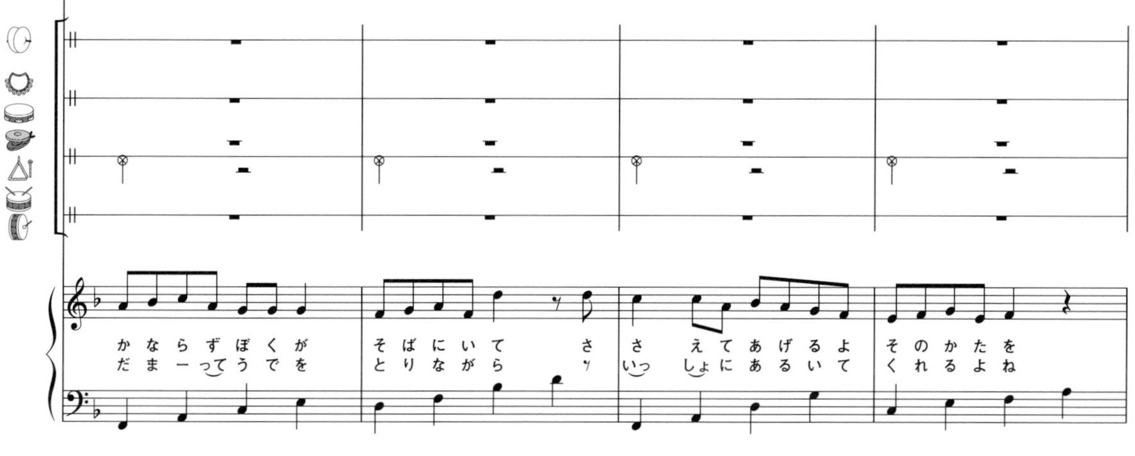
かならずぼくが　そばにいてさ　さえてあげるよ　そのかたを
だまーってうでを　とりながら　いっしょにあるいて　くれるよね

発表会ソング

せ か い じゅ う の き ぼ う の せ て
せ か い じゅ う の や さ し さ ー で

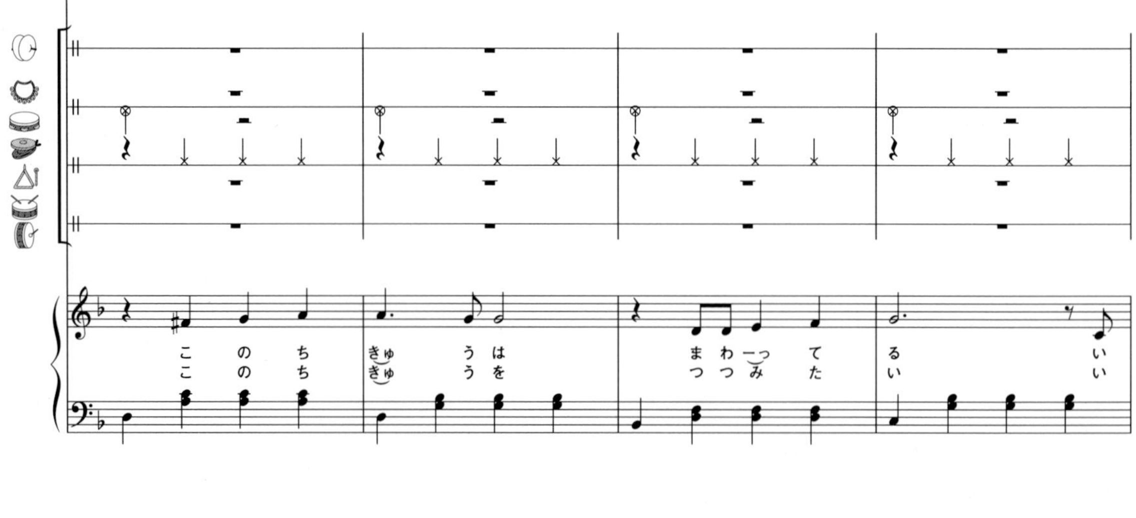
こ の ち きゅ う は ま わ ーっ て る いい
こ の ち きゅ う を つ つ み た い い

ま ー み ら い の ー ー と び ら を ー あ け る と き
ま ー す な お な ー ー き も ち に ー な れ る な ら
か な し み ー や く る し み ー が い
あ こ が れ ー や い と し さ ー が お

つ のひか ー ーよろこ びに ーかわる だーろう
お ぞらに ー ーはじけ て ーひかる だーろう
1.
アイ ビリーブ イン フュー チャー しんじてる

2.
る いま ーみらいのー ーとびら を ーあける と き
アイ ビリーブ イン フュー チャー しんじてる

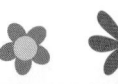

発表会用

となりのトトロ～合奏譜ver.～

作詞：宮崎 駿
作曲：久石 譲

ポイント

「♪となりのトトロ～」の部分は曲の最も盛り上がるところです。
前奏部分の「♪トトロ～」はやさしく、その後出てくる「♪トトロ～」は元気良く、特にセーニョの部分は鍵盤ハーモニカを考慮して転調をしていないので、フォルテで最後まで行きましょう。

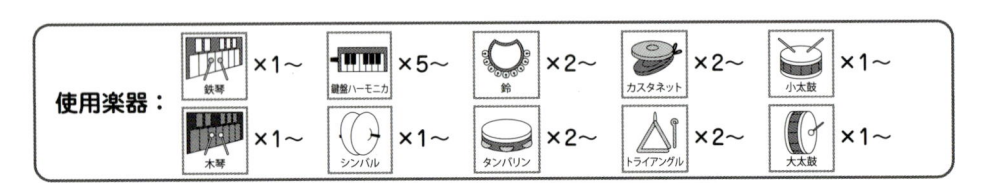

使用楽器：

鉄琴 ×1～	鍵盤ハーモニカ ×5～	鈴 ×2～	カスタネット ×2～	小太鼓 ×1～
木琴 ×1～	シンバル ×1～	タンバリン ×2～	トライアングル ×2～	大太鼓 ×1～

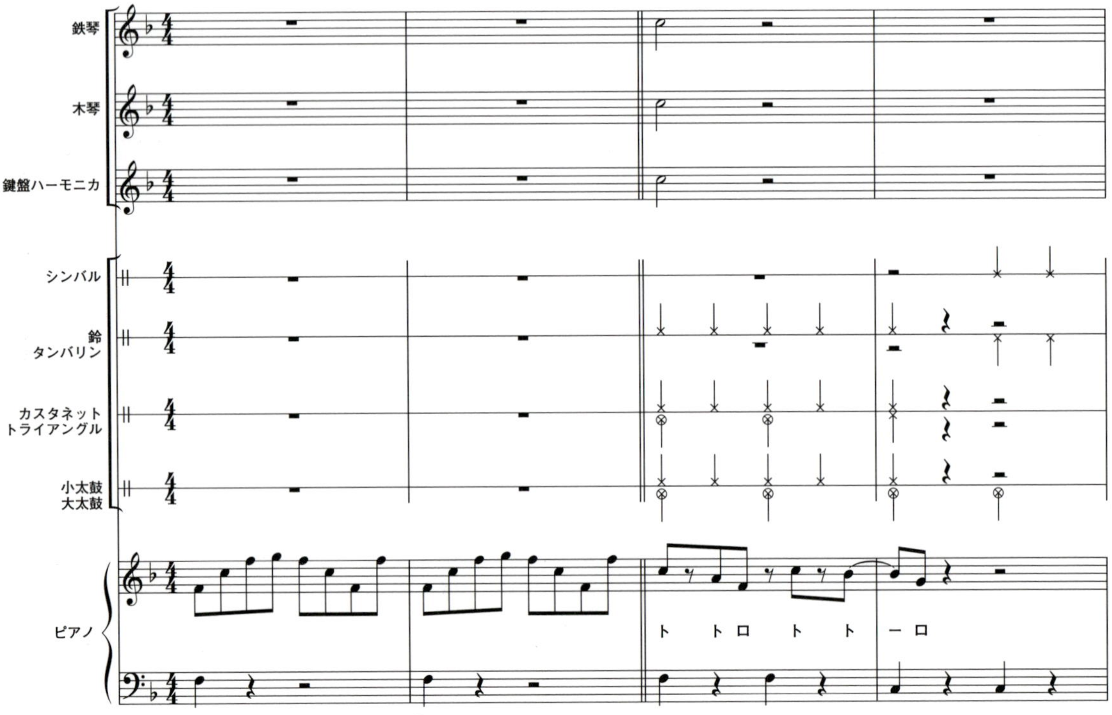

ト ト ロ ト ト ー ロ
1. だ れ か が ー
2. あ め ふ り ー

こ っ そ り ー こ み ち に こ ー の み う
バ ス て い ー ズ ブ ヌ レ オ ー バ ケ が

ず め て ちっ さ な め ー
い た ら あ な た の ー

はえたらー ひみつのあんごうー もりへ
あまガサー さしてーあげましょー もりへ

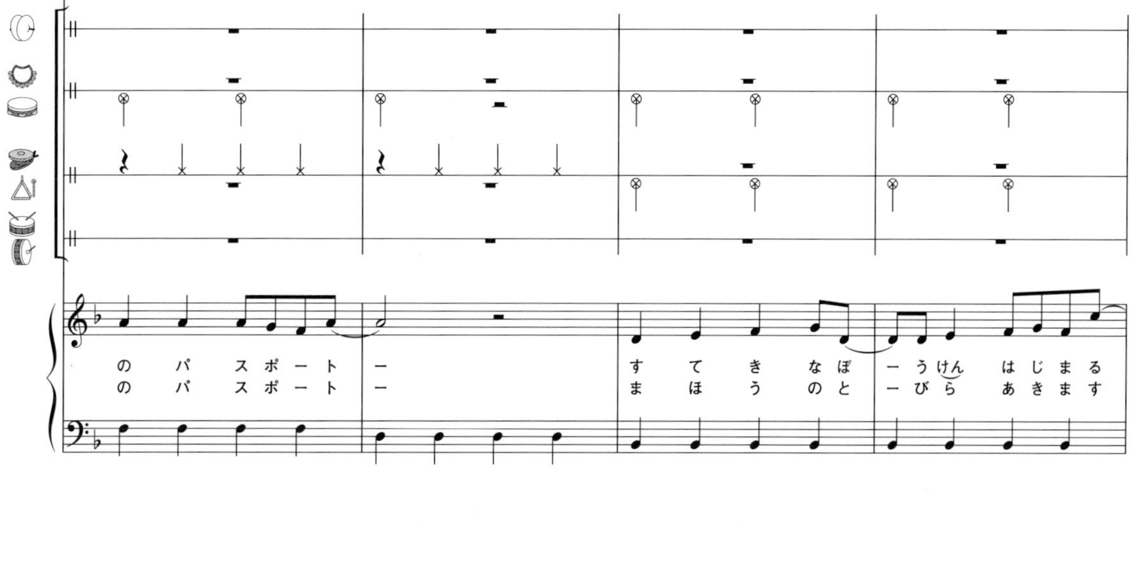
のパスポートー すてきなぼーうけん はじまる
のパスポートー まほうのとーびら あきます

ー ー となりの 1.𝄋トトロ トト ーロ
ー ー となりの 2.トトロ トト ーロ
トトロ トト ーロ もりの なかにー む
トトロ トト ーロ つきよ のばんにー オ

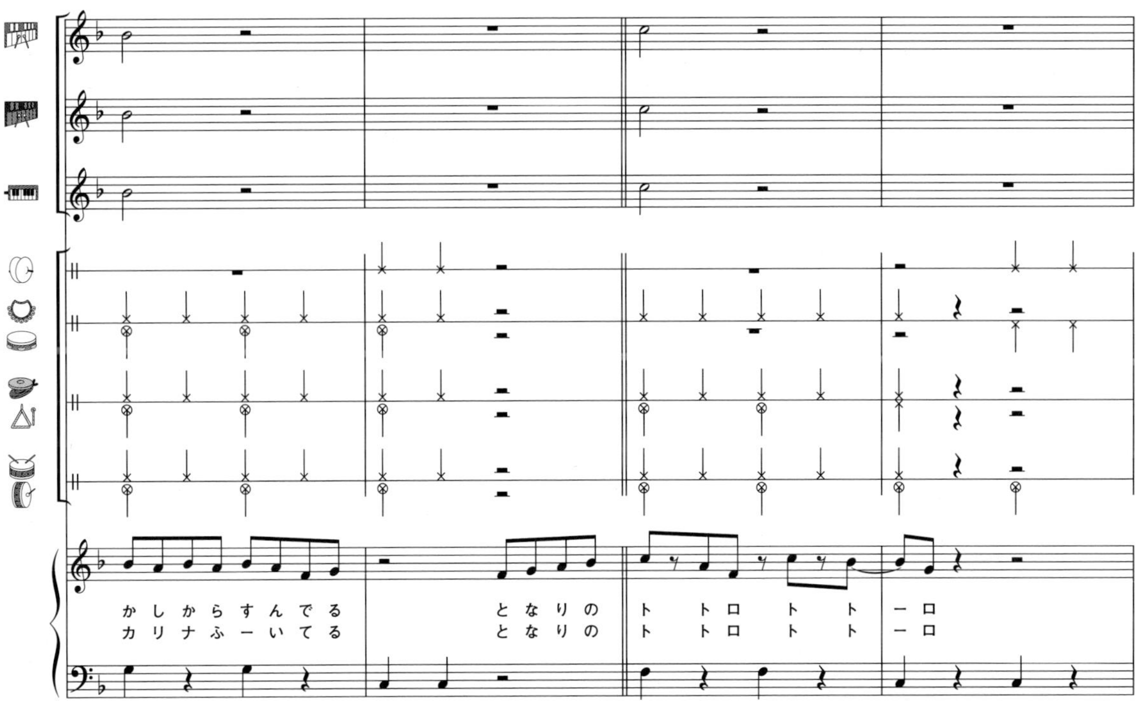
かしからすんでる　となりの　ト　トロ　ト　ト　ーロ
カリナふーいてる　となりの　ト　トロ　ト　ト　ーロ

ト　トロ　ト　ト　ーロ　こどものとき　に　だけ　あ
ト　トロ　ト　ト　ーロ　もしもあえた　な　ら　す

to Φ
なたにおとずれる ー
てきなしあわせが ー
ふしぎなであ い
あなたにくる わ
Φ Coda
D.S.
ふしぎなであ い

まずは姿勢を見直しましょう

正しい姿勢

・鍵盤に向かって中央に座ります。

・椅子には浅く腰掛けます。

・手先から肘までが鍵盤とほぼ水平になるように、椅子の高さを調整します。

・手首、肘、肩には余計な力を入らないようにリラックスさせます。

手の形

・手は丸くおきます。よく中にタマゴが入るようにと例えられますが、手の平とピアノの間には自然な空間を作るようにし、ふわっとソフトな感覚で置きましょう。

・指は伸びすぎないように、また垂直に立てすぎないように、そして関節はへこまないようにします。

・親指は鍵盤の外へ出ないようにしましょう。

・爪は常に切っておきましょう。演奏ばかりではなく、こどもと関わる仕事ならばなおさらですね。

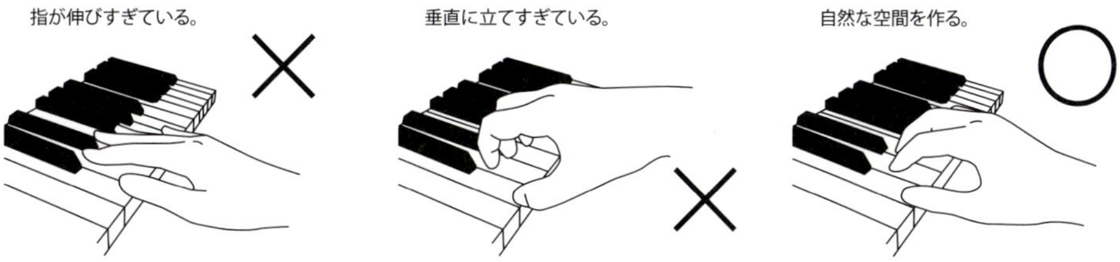
指が伸びすぎている。
垂直に立てすぎている。
自然な空間を作る。

指番号

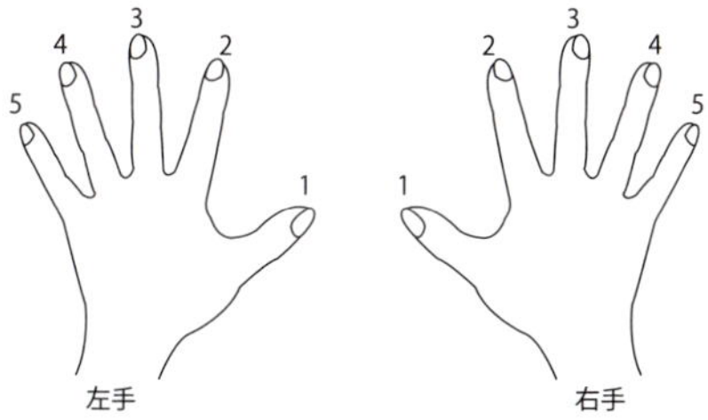
1
2
3
4
5
左手
右手

「どの音をどの指で弾くか」を運指と呼びますが、運指は楽譜上では各指に番号（指番号）を付けて表します。運指は、必ずこの指で弾かなくてはならないという事ではなくて、「この指で弾くと滑らかに美しく弾けますよ」という目安のようなものです。

5つの音をしっかり弾くために…

♪♪ここがポイント！♪♪

- 最初はゆっくり、丁寧に片手ずつの練習から始めます。
- 各々の指がしっかり動くようになったら、両手で合わせるようにします。
- 慣れてきたら、リズムを速くして8分、16分音符でも弾いてみましょう。
- シャープ、フラット各々3つくらいまでは慣れておきましょう。

ハ長調

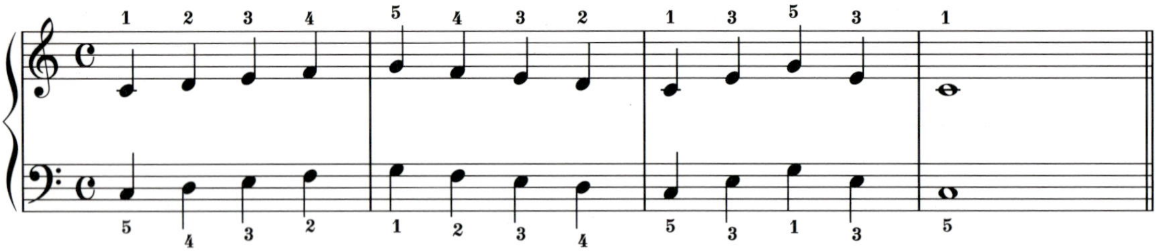

ト長調

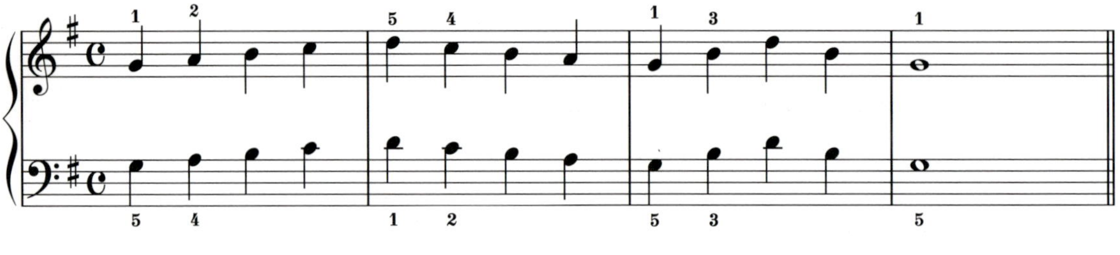

ニ長調

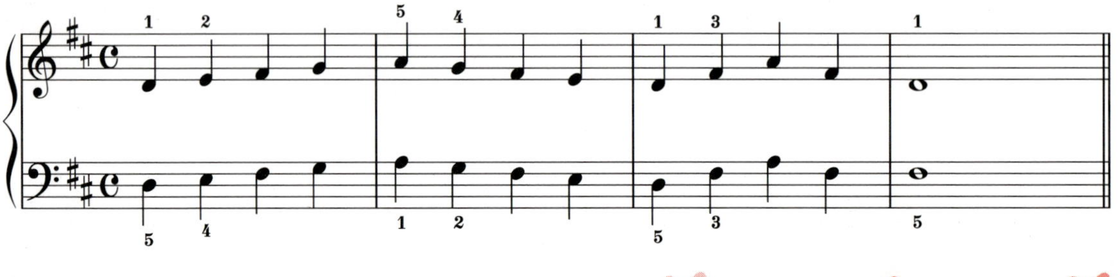

イ長調

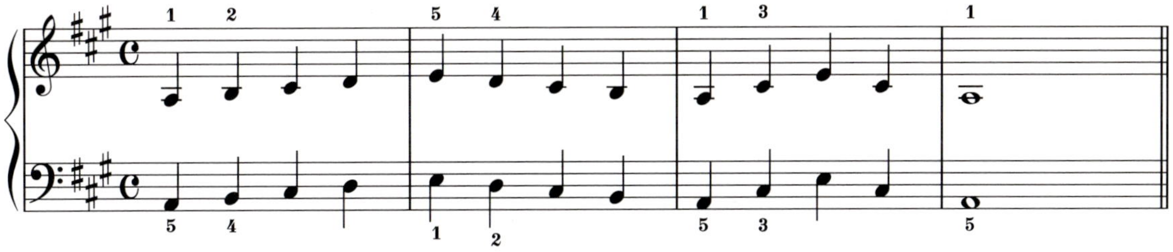

ヘ長調

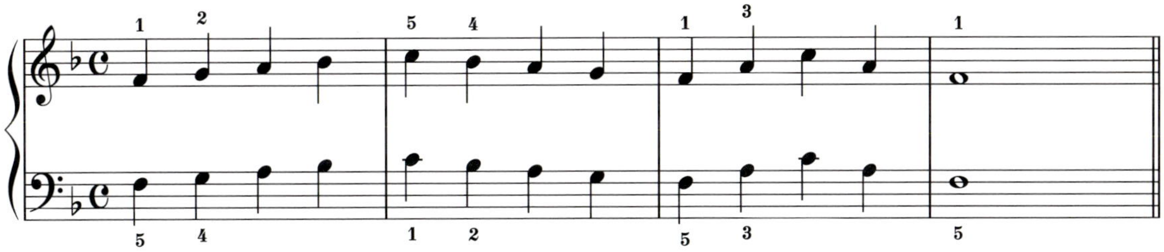

変ロ長調

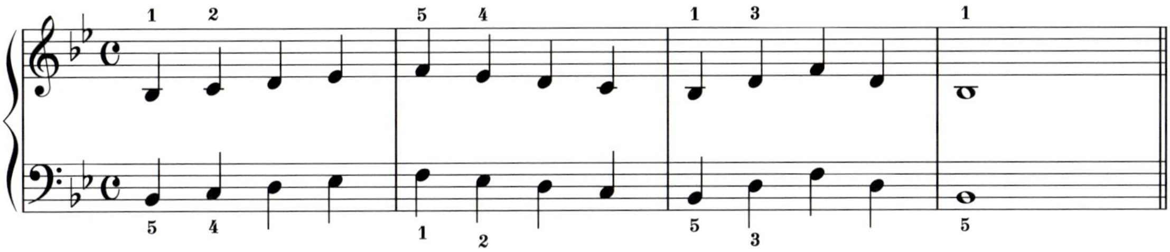

変ホ長調

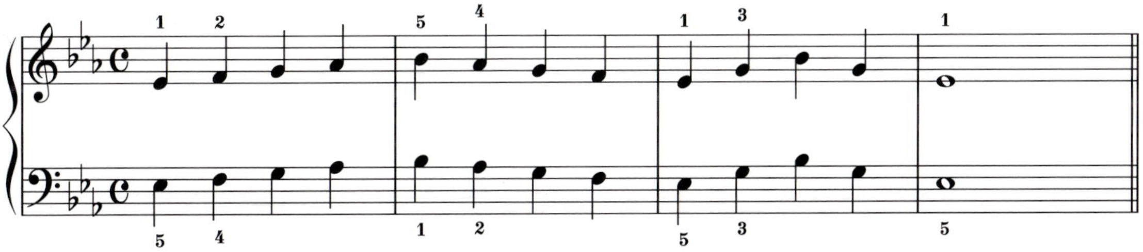

流れに沿った進行をしましょう

♪♪ここがポイント！♪♪

・手首をまわす所では、力を抜き、肘で柔らかく引っ張るようにしましょう。
・片手練習をたくさんして、右手・左手に意識を持たせましょう。
・③では初めてオクターブの動きになります。いちだんと指の間隔を広げますので、指の関節、手首、肘などに力が入らないようにしましょう。

パターン①

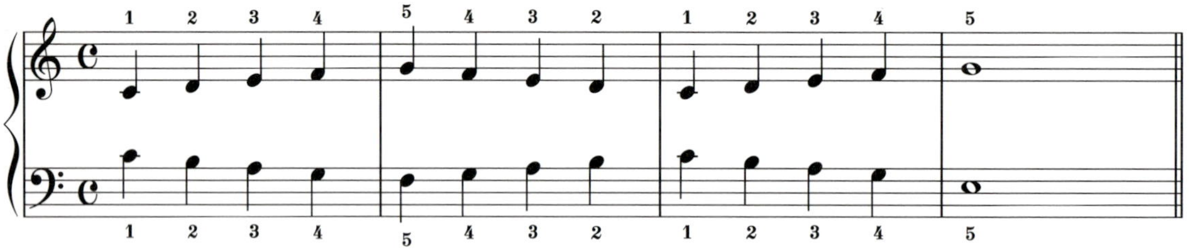

パターン②

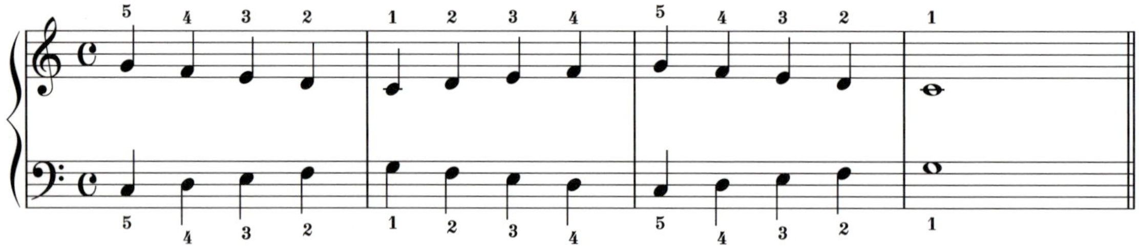

パターン③

最後の小節は弾きにくいようでしたら、（　）の指使いで弾いてみましょう。

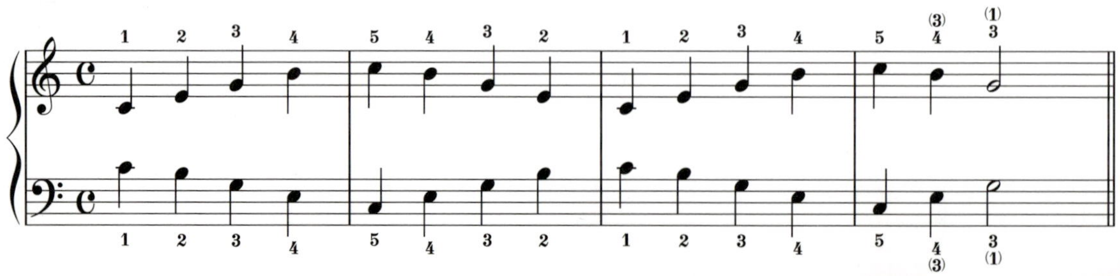

力の入りにくい左手の薬指（４の指）、小指（５の指）を鍛えるには？

４と５の指の間を広げる

特に左手の４と５の指は動く時にくっつきやすく、またすべりやすいです。５の指は曲の伴奏の柱として動くことも多い指です。まずは広げる練習から始めましょう。

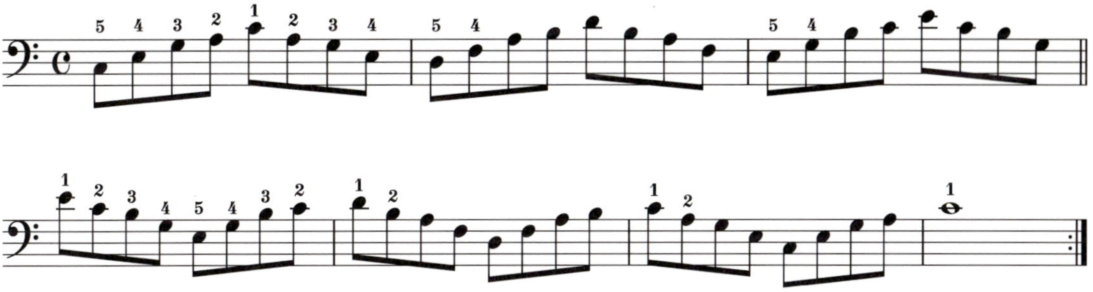

４と５の指を強くする

と言っても、４も５も力の入りにくい指ですので、しっかり弾こうとすると力が入ってしまいます。最初は２分音符で次に４分音符でと、少しずつ速くしていきます。５の指が外側に転ぶようであれば、またゆっくりな速さに戻し、じっくり取り組みましょう。

パターン①

パターン②

5の指を押さえたままの練習

５の指を押さえたまま、他の指で弾くと、ますます力が入ってしまいます。ゆっくりと各々の指を引きずらないように、離したのを確認してから次の指で弾きましょう。どうしても指がつぶれてしまうようであれば、前の練習に戻って、もう少し鍛えてからでも良いです。

忙しい先生のための
ピアノ伴奏らくらく講座

基本的なコードを覚えておきましょう

本書の楽譜には入れていませんが、よく楽譜の上にC、D7など付いているコードネームは和音のことで、音を積み重ねてハーモニーを作るものです。

ここでは最低限覚えておいた方がいいコードを掲載しました。コードを覚えるとメロディに伴奏を付けて弾くことができ、伴奏が自分でできるようになります。

♪♪ここがポイント♪♪

基本形

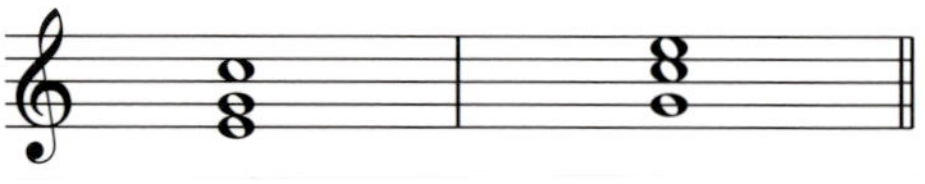

転回形（コードCの例）

和音には低い音から順に重ねる**基本形**と、音の並び方が変わる**転回形**もあります。

基本的なコード

実際にコードで弾いてみましょう

♪♪基本譜例♪♪

「きらきら星」

フランス民謡

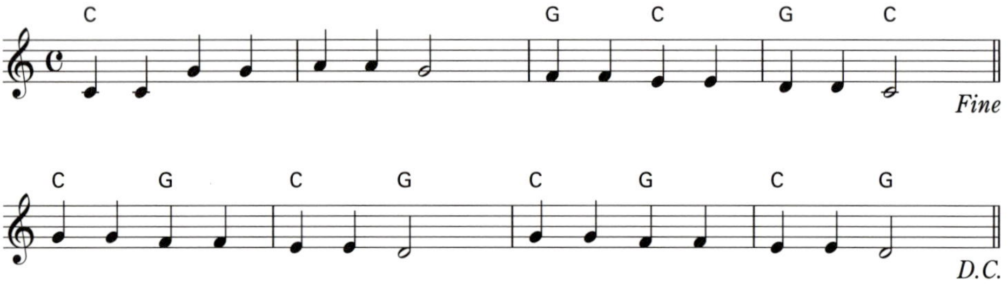

和音で弾く

では、さっそくコードで弾いてみましょう。上のメロディに和音を付けてみます。まずは、2音を同時に弾くパターンからです。

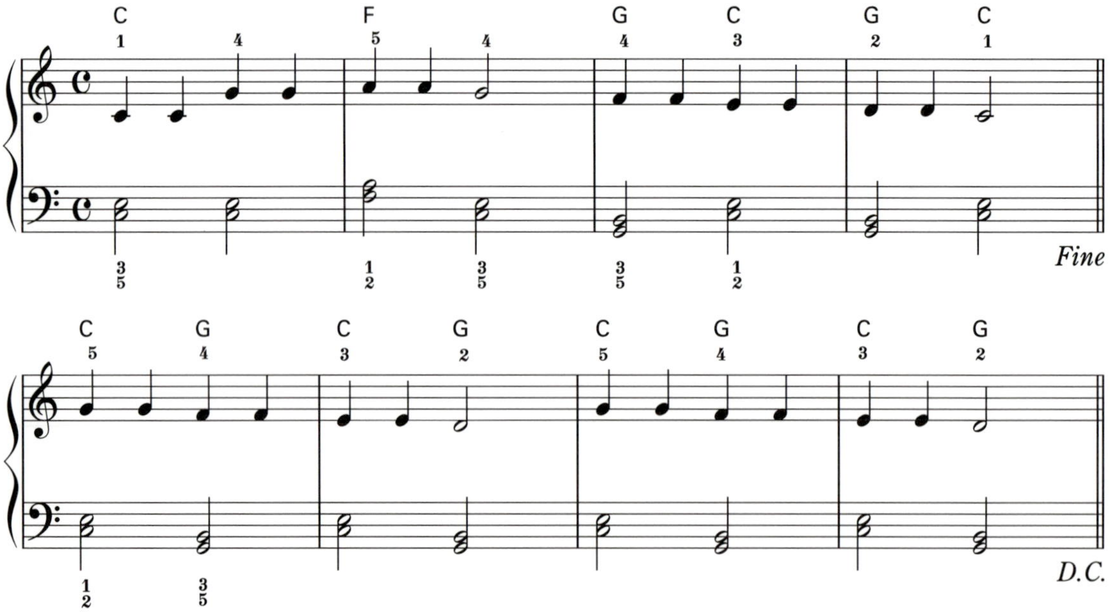

分散和音で弾く

続いて、先ほど弾いたコードをばらして弾いてみます。より深い響きになりますね。

音をハショって弾きやすくする方法①
～三段譜での伴奏編～

ここでは、下記の「基本譜例」を元に、三段譜（メロディ+両手伴奏）の伴奏部分を弾きやすいようにアレンジしていく方法を説明していきます。

♪♪基本譜例♪♪

「さんぽ」

作曲：久石 譲

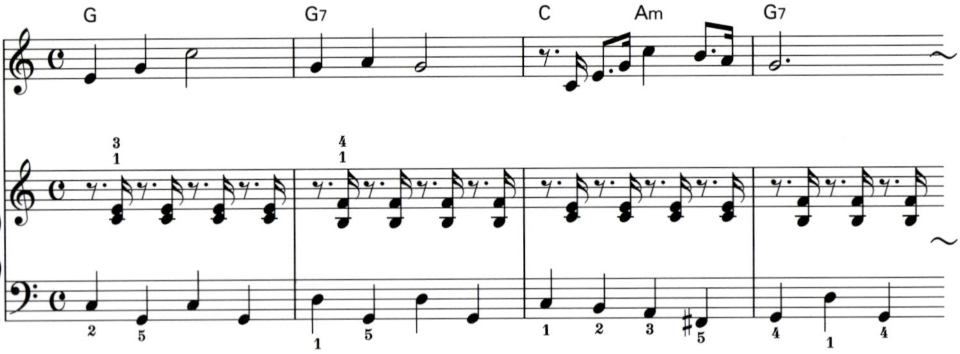

パターン①

上の基本譜例の伴奏部分を弾きやすくしてみます。右手のリズムが細かいので、休符を取り込み、四分音符の長さにまとめます。4拍子において柱となる1・3拍目を残します。

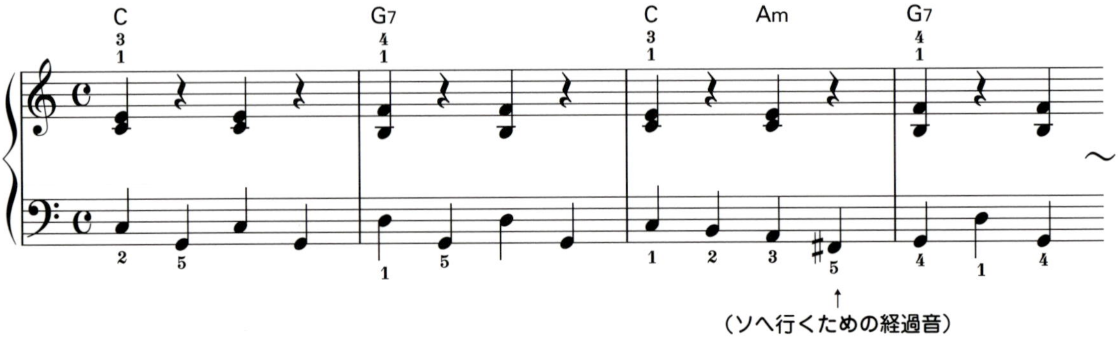

パターン②

右手で伴奏をリードするパターンです。コードも重視しましょう。最後の左手のソの音ですが、コードの根音（コードの主となる音。ベース音）なのでレにはなりません。

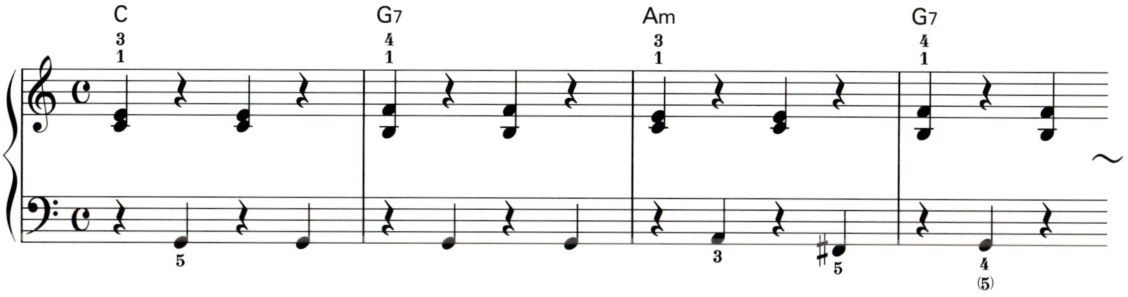

パターン③

左手で伴奏をリードするパターンです。左手を強めに弾いて、4拍子のリズム感を出しましょう。

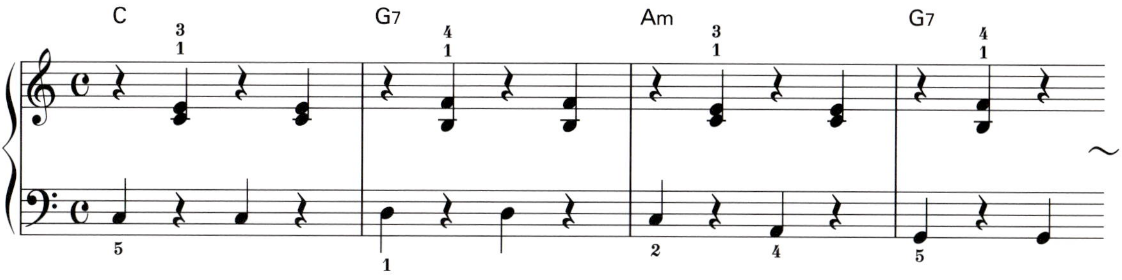

音をハショって弾きやすくする方法②
～三段譜を二段譜に～

ここでは、下記の「基本譜例」を元に、三段譜（メロディ+両手伴奏）の伴奏部分を一段にして、二段譜にアレンジする方法を説明していきます。

♪♪基本譜例♪♪

「さよならぼくたちのほいくえん」

作曲：島筒英夫

パターン

左手の音を根音として、右手を含んだ和音を想定します。例えば1小節目のコードGでは、左手のソが根音、右手のシ・レが第3、5音になります。この場合、根音（ソ）+第5音（レ）+第3音（シ）+第5音（レ）です。

最後の小節はコードC/Dと考え、コードDの根音（レ）+コードCの根音（ド）+第5音（ソ）+根音（ド）となります。

音をハショって弾きやすくする方法③
～音数を減らす～

ここでは、2つの曲を使って、伴奏部分の音数を減らして、よりやさしく弾けるようにアレンジする方法を説明していきます。

♪♪基本譜例♪♪

「せんろはつづくよどこまでも」

アメリカ民謡

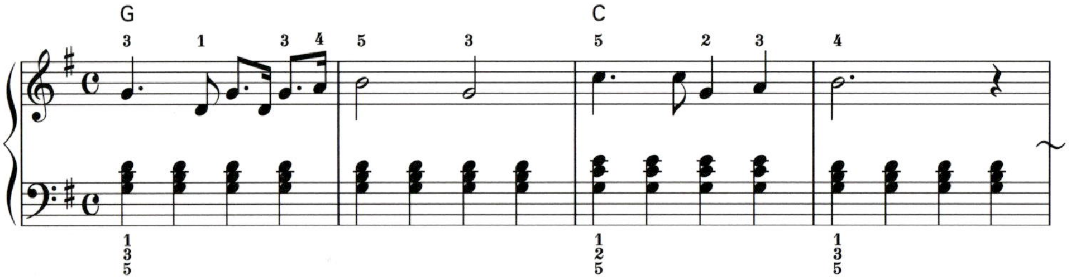

パターン①

左手3和音を2和音に変えます。コードの根音（G=ソ、C=ド）を残しています。

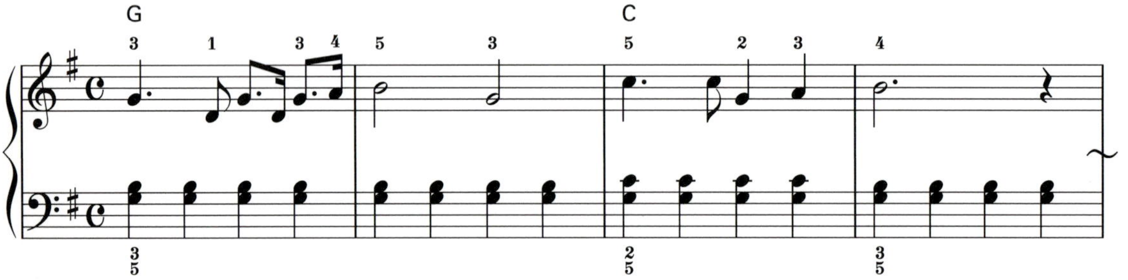

パターン②

左手を単音にします。コードの一番低い音は曲の柱になっていますので、安易に取ってはいけません。

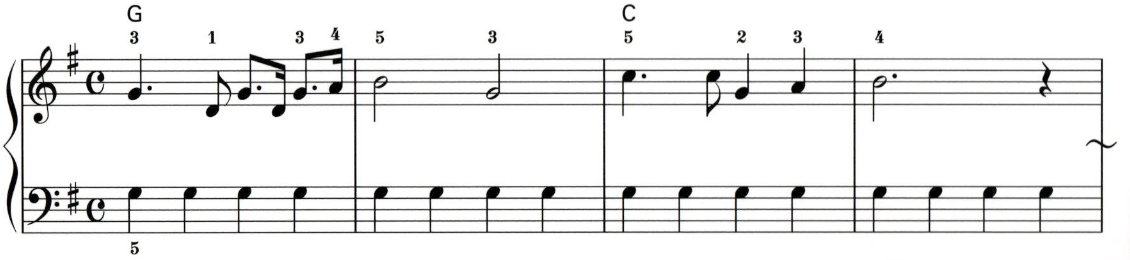

♪♪基本譜例♪♪

「南の島のハメハメハ大王」

作曲：森田公一

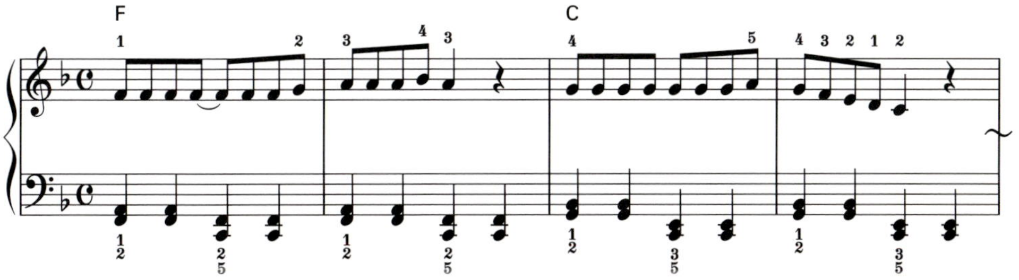

パターン①

左手を単音にします。ここでも曲の柱となるコードの一番低い音は残します。

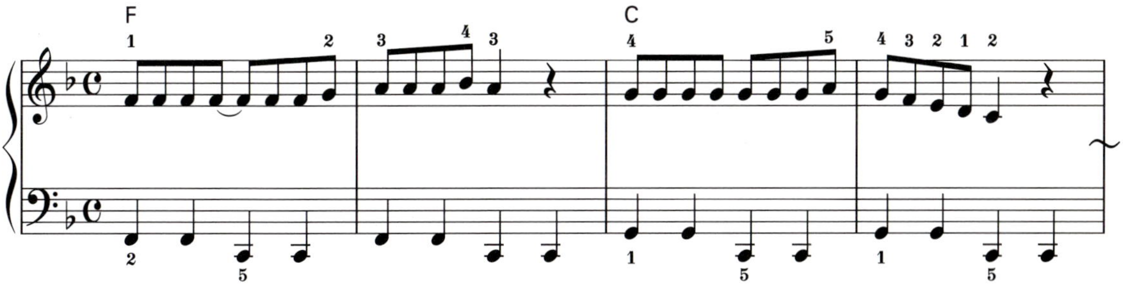

パターン②

左手はリズムの柱である1、3拍目だけを弾きます。

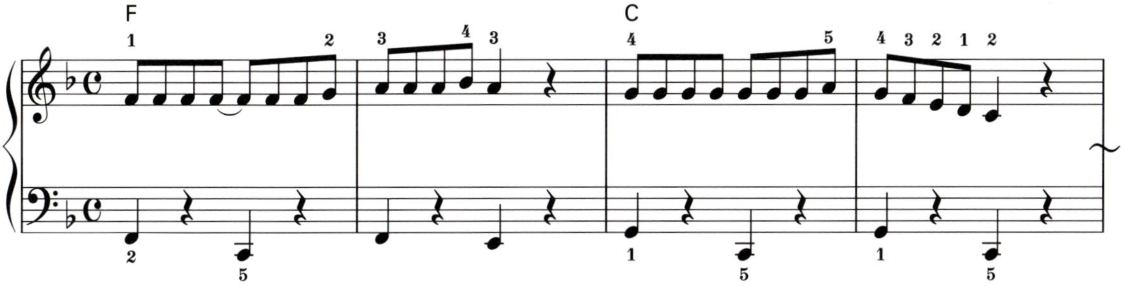

単音の伴奏を和音に

ここでは、下記の「基本譜例」を元に、左手の伴奏部分の単音を合わせてコードにして、深みのある演奏にする方法を説明していきます。

♪♪基本譜例♪♪

「やおやのおみせ」

フランス民謡

パターン

低い音から順番に重ねていき、三和音を作ります。また、2・4小節目のC7は右手に第５音のソがあるために省いて、CではなくC7にしてあります。

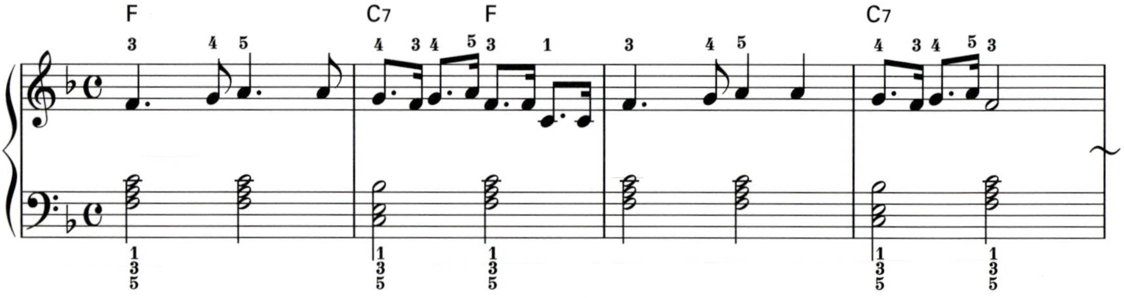

こどもたちともっと楽しくするために...

ここでは、こどもがより表情豊かに歌えて、楽しくできるように、ピアノを弾きながらできる簡単な仕草の一例を紹介します。今後、曲を弾く際には、各曲いい仕草がないかを探してみて、是非こどもと楽しく過ごしてください。

合の手を入れる

比較的簡単なかけ声、合の手のようなものです。言葉の反復ですので、いろいろな曲で実践できると思います。

「南の島のハメハメハ大王」

作詞：伊藤アキラ／作曲：森田公一

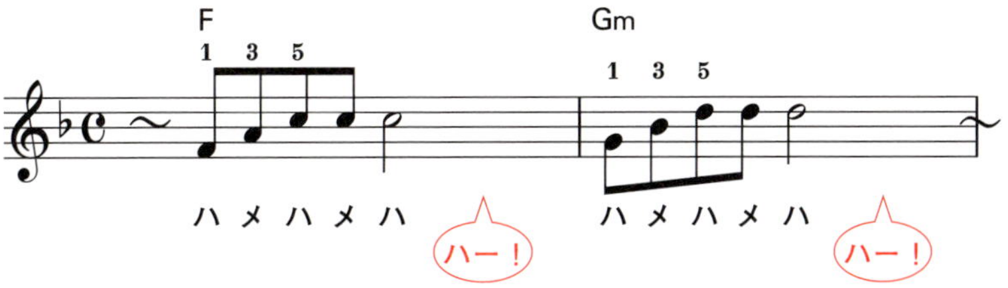

「きたかぜこぞうのかんたろう」

作詞：井出隆夫／作曲：福田和禾子

手を動かす

曲に合わせて、手を動かす方法です。これは特に様々な曲でできるかと思います。

「勇気100%」

作詞：松井五郎／作曲：馬飼野康二

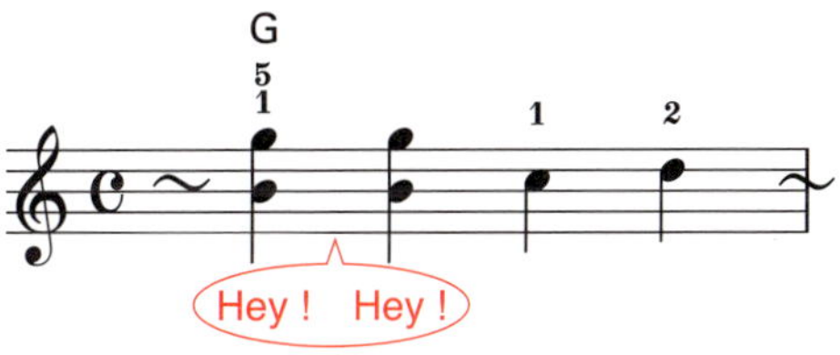

「Hey Hey！」と言いながら、一緒に片手を挙げます。

「せんせいとおともだち」

作詞：吉岡 治／作曲：越部信義

G7 C
1 3 5
1. ギュ ギュ ギュ
2. お は よう
3. メッ メッ メッ

・1番：片手でグーを挙げ、握手を表す。
・2番：片手を口元にもってきて、挨拶の様子をする。
・3番：にらめっこをする。

「手のひらを太陽に」

作詞：やなせたかし／作曲：いずみたく

A♭ E♭ B♭ E♭
5 3 1 5 4 3 2 3 4 1 2 1 2 1 3 2
て のひらを たいようにすかしてみ れ ば

片手を上に挙げ、曲のリズムに合わせて揺らしてみましょう。

掛け合い

こどもは、下記楽譜内の（　　）のような言葉を、歌いながら言うのは難しいので、その部分は保育士が歌いましょう。ちょうど掛け合いのような感じになります。

「ドコドコキノコ」

作詞：もり ちよこ／作曲：ザッハトルテ

B Em
3 4 5
は な し だ よ (ンダダンダー)

「アララの呪文」

作詞：さくらももこ／作曲：岡本真夜

E A
3 2 3 4 5 4 (4) 3 1 3 2
カタブラブラリン コ たと え
(じゅもん、まちがってんじゃん！)

2小節目のラの音のように同音が続く場合は、次の動きを考えて、4の指に変えて弾くと良いです。

足踏み

ピアノを弾きながら、左手の音に合わせて足踏みをし、歩きたくなるような雰囲気を伝えましょう。

「さんぽ」

作詞：中川李枝子／作曲：久石 譲

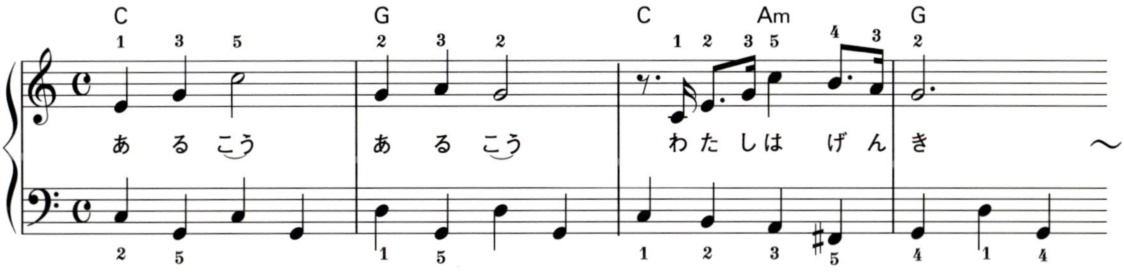
C G C Am G
あるこう あるこう わたしは げんき ～

（左手の音に合わせ、足踏み！）→

これさえ弾ければ大丈夫！ **ラク弾き！保育ピアノ伴奏集** 定価（本体 1500円＋税）

編著者――芦川登美子（あしかわとみこ）
表紙デザイン・イラスト―オングラフィクス
発行日――2012年4月30日　第1刷発行
2018年5月30日　第8刷発行
編集人――真崎利夫
発行人――竹村欣治
発売元――株式会社自由現代社
〒171-0033　東京都豊島区高田 3-10-10-5F
TEL03-5291-6221/FAX03-5291-2886
振替口座 00110-5-45925

ホームページ――http://www.j-gendai.co.jp

ISBN978-4-7982-1813-7